渡部昇一ブックス 18

アングロ・サクソン文明落穂集 ⑪

日々是好日

西ドイツ・ミュンスター大学に留学中の渡部昇一先生
1955年・昭和30年10月（25歳）〜1958年・昭和33年5月（27歳）
関連著作：『ドイツ留学記』上・下（講談社現代新書・昭和55年）

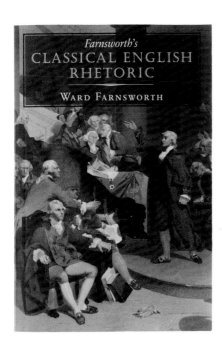

修辞学的に分類されている英語名文
集のカン所。
本文p.128「古典的な英語の修辞学」

アメリカ英語の歴史について素晴
らしい本が出た。
本文p.134「新しいアメリカの口
語の歴史」

英文法史
上智大学教授
渡部昇一著

自分が関心を持つテーマについては、英米の学者に先行することもありうる。
p.158「書評された人間の所感」

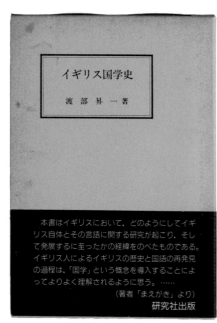

イギリス国学史

渡部昇一著

本書はイギリスにおいて，どのようにしてイギリス自体とその言語に関する研究が起こり，そして発展するに至ったかの経緯をのべたものである。イギリス人によるイギリスの歴史と国語の再発見の過程は，「国学」という概念を導入することによってよりよく理解されるように思う。……
（著者「まえがき」より）
研究社出版

西ドイツ・ミュンスター大学に留学中の渡部昇一先生

Anglo-Saxon

文明落穂集

アメリカには中世がなかった！

渡部昇一

⑪

広瀬書院

渡部昇一ブックス　18

アングロ・サクソン文明落穂集 ⑪

アメリカには中世がなかった!

●目次●

ジャケット・扉題字／渡部昇一 書　　　校閲／江藤裕之

本書収録の作品は、大修館書店発行の月刊『英語教育』に2008（平成20）年12月号から2013（平成25）年3月号にかけて連載されたものです。

〈略年表〉 著者が本書収録作品を執筆している時期の出来事

2008（平成20年）　『英語教育』12月号執筆時、著者78歳
12月　24日米政治学者、サミュエル・ハンチントン死亡。　著書『文明の衝突』。
2009（平成21年）
3月　若田光一氏が日本人初の国際宇宙ステーション（ISS）長期滞在。
9月　民主党政権が誕生。（鳩山由紀夫首相）。
11月　ヤンキースがワールドシリーズ制覇。松井秀喜が MVP に。
12月　三洋電機をパナソニックが買収。
2010（平成22年）
1月　日本航空が破綻。会社更生法の適用を申請。
6月　小惑星探査機「はやぶさ」が地球に帰還。
9月　尖閣諸島中国漁船衝突事件。
2011（平成23年）
3月　東日本大震災、東京電力福島第一原発事故。
5月　アルカイダの指導者ウサマ・ビンラディン殺害。
7月　なでしこジャパンが女子W杯優勝。FIFA 主催大会での優勝は男女を通じて史上初。澤穂希が得点王と最優秀選手賞を受賞。
10月　円相場が史上最高値の1ドル＝75円32銭をつける。
12月　北朝鮮の金正日総書記死去。
2012（平成24年）
9月　日本航空が東京証券取引所に再上場。
12月　衆院選で自民党大勝。第2次安倍内閣が発足。日本維新の会が躍進。
12月　山中伸弥氏にノーベル医学・生理学賞。
2013（平成25年）
2月　韓国の朴槿恵政権発足。
3月　ローマ法王フランシスコ選出。
3月　中国の習近平国家主席選出。

（参考）　次ページ「(431) Earl Macclesfield とその蔵書」
を読むに当り、前巻最終項「(429・430) 世界最初の英文法
書市場に現る」の内容確認用として。（編集部）

　世界最初の英文法の本、William Bullokar［ˈbuləkɑː］の
Bref Grammar for English（1586）は、ドイツの英語学者
Max Plessow が Oxford の Bodleian Library で発見した。
彼はこれを学界誌 *Palaestra* の第52巻としてリプリントして
発表（Berlin, 1906）。渡部先生が学位論文を書くときに使用
したのは、この Plessow の *Palaestra* 版であった。
　その後、もう１部が Oxford の Christ Church カレッジに
存在していることがわかった。
　そして2008年5月、その３冊目が見つかったというニュー
スが渡部先生のもとに旧知の古書店から伝えられた。出所は
Macclesfield［ˈmæklzfiːld］伯爵家の the Shirburn Castle の
北図書室である。伯爵家未亡人の死後、図書室の解体に連な
ったらしいとのこと。
　この３冊目は、Bullokar の文法書だけでなく、他の２冊
の本がついて合本となっているのである。内１冊は John
Hart, *An Orthographie* …（London W. Seres, 1569）である。
この本はハーバード大学、New York Public Library, ケンブ
リッジ大学にあることが知られている英語綴字論である。
　──世界最初の英文法書 Bullokar の本は現在３冊。２冊
は Oxford にあり、渡部先生の蔵書となっている３冊目は
Macclesfield 伯爵家にあったものである。では、この
Macclesfield 伯爵とは如何なる人物であったのだろうか。

431. Earl of Macclesfield とその蔵書

成果を上げ続けたやり手弁護士

　Bullokar の *Bref Grammar*（1586）や、Hart の *Orthographie* のような小型8つ折版（small 8vo）の英語の最初期の実用本とでも言うべきものが、Oxford 大学に残っていたということは理解できる。しかし貴族の家に、しかも名誉革命の後に貴族になった、いわば成り上がりの伯爵家に残っていたとはどういうわけだろうか。何しろ小型の見栄えのしない本で、貴族の書斎や客間に飾ってどうというものではないのだ。そこでこのような本を入手し、しかも立派に装幀させた Macclesfield という人物がどんな人であったかに興味の持たれるところである。

　初代の Macclesfield 伯爵 Thomas Parker（1666-1732）の父親は弁護士であり、Thomas は16歳の時に Trinity College（Cambridge）に入った。彼は若い時から頭のよさで注目されていた。政治的立場は Whig である。その頃は Tory と Whig でパンフレットで悪口の言い合いをしていた時代である。そうした状況の下で、Whig 系の印刷業者の John Tuchin という男が Tory の大臣たち

を誹謗（libelling）したということで告発された。その
弁護に当たったのが Parker である。Tuchin は有罪に
はなったが、罰は受けなかった。というのは弁護人の
Parker が陪審員制度についてのわずかの瑕疵を衝いた
からである。これは裁判技術の巧妙さ、つまり technical
brilliance と呼ばれるものであった。

　この成功が Whig の政治家たちの信頼をかちとること
になった。昔ならば偉くなるのに武勲が重要であった。
しかし名誉革命後のイギリスは、戦場での功績もさるこ
とながら、法廷での功績が物を言う時代に入っていた。
敵対する人たちは、相手を訴えることで地位から引きず
り下ろそうとする。その際に問題になったのは弁護士の
能力である。イギリスでは慣習法が重要である。つまり
故実先例に通じて、それを法廷という場で上手に使える
人が、昔の戦場の勇者に匹敵するのである。Parker は
博学であった。Parker はその学識を Whig のために法
廷戦で使い続け、赫々たる成果を上げ続けたのである。
そして政界に出る。George 1 世がドイツからやってき
て王位につくと、Parker は George 1 世についてやって
きたドイツ人の廷臣たちとも関係がよく、貴族に列せら
れ、Baron Parker of Macclesfield に な る。 そ し て
Shirburn の 土 地 と そ こ の 城（castle） を 買 う。こ の
Oxfordshire の不動産は当時で18,350ポンドであったと
いうから、成功した弁護士の収入がいかに大きいもので
あったかわかる。George 1 世はドイツの Hannover か

ら来ている。その憲法的立場（constitutional position）
には難しいものを抱えていたが、その解決にも Parker
の知識と知恵は役立った。そののち1720年の南海泡沫事
件（the South Sea Bubble）があって、そのため1721年
に新内閣が出来た時、Parker は earl（伯爵）に昇進し
た。

　Parker は本質的には学者肌の人であった。そして当
時の学者や著述家たちと親交があった。彼らの多くがい
わゆる freethinker（自由思想家）であったので、Parker
自身も無神論者（atheist）と呼ばれたこともある。し
かし彼の交友の中には、Old English や古いゲルマン語
研究の先覚者の David Wilkins や George Hickes もいた
のである。Elizabeth Elstob の *Anglo-Saxon Grammar*
のための活字を作る代金も彼が払った。Newton の葬式
の時、柩（ひつぎ）を担いだ人でもある。一人息子の George は天
文学者でもあり、父の後をついで Newton の原稿を集
めた。当時 Shirburn Castle の書庫は学者に開かれてい
たが、その後200年間、忘れられた形になっていた。
Newton 関係の資料は現在 Cambridge 大学に入ってい
る。（※　2008.12）

432〜433. ジョンソン博士と
単語定義裁判

excise（営業附加税／消費税／物品税）に対する定義が税務官を誹謗すると訴えられた。

　サミュエル・ジョンソン、いわゆるジョンソン博士の『英語辞典（*A Dictionary of the English Language*, 2 vols. 1755）』が画期的な辞書で、いろいろな話題に富む本であることを、明治の、しかも英文学者でもない人に知られていたという一例を偶然発見したので紹介してみたい。

　加藤咄堂（とつどう）は明治３年に生まれ昭和24年に亡くなった人で、明治—大正期に仏教の講演や、修養講話で名高かった人である。この人が38歳の時（明治41年）に出版した本に『話し草』（東亜堂書房、216pp.）というのがある。これは序文に言うように彼が乱読したものの中から、「感興に任せて手記した」ものであるから、和漢東西の本から面白いと思った記事が雑然と集められている。いずれも短いのであるが、ジョンソンの辞書に関するものは４ページ以上与えられている。この本の中では最も長

いものの一つだ。

　まずジョンソンとその出版者アンドリュー・ミラーとのやりとりの話である。ジョンソンがその英語辞典（咄堂は『英語辞彙』と言っている）の出版がのびのびになっていたので、ミラーはその最終校正刷を送った時の手紙にこう書いた。

　　「アンドリュー、ミルラー〔原文ママ〕は『辞彙』最終の試刷に対する金員〔編集料〕を送付するに当り、サミュエル・ジョンソン氏に其感謝の意を表し、且つ同氏との共同〔事業〕の正に終結せしを神に感謝する」と。

　これに対してジョンソンの返書は次のようだった。

　　「サミュエル・ジョンソンはアンドリュー、ミルラー氏に感謝の意をすると共に、同氏は（其書翰の如く）何事にも神に感謝するの美徳を有するを発見して深く歓喜するものなり」

この話はわりと有名ではあるが、次の「営業附加税（Excise）」の話はどこから取ったのだろうか。ジョンソンの辞書の中の excise の説明が役人の忌諱に触れ、これを状師長（英語で何というか不明）マーレー氏（後のマンスフィールド卿）に見せて誹毀罪に当るかどうか鑑定を求めた。その当時の謄本は次の如くである。

「事実——サミュエル・ジョンソン氏の近時出版したる書籍は、之を名くるに『英語辞彙、各語はその語源より演訳し、大家の例を挙げて其異義を明らめ、巻頭には英

語歴史、及び英文典を附す』と称するものにして、同書中「営業附加税（Excise）」の項下に次の語あり。

　『営業附加税（名、単、語源……）商品に課せられたる不法の税、財産普通の判断に依らずして甚だ不当なるものなり。之を徴収する不徳漢は同税を払う者より収賄するに同じ。』

　　例──

　人民は其綿羊に課税せられ、其喰ふもの悉く「営業課税」せらる。イワード。〔ヘイワード〕

　麗しき楽園に課税するは貪欲なり。クリヴランド。
「営業課税」鱶は数百の歯列秀で、全営業を駝鳥の如く之を喰ふ。マーヴェル。

　大なる家を借り能ふに、而も苛重の「営業税」を以て人民を圧抑す。ドライデン。
該著述者の定義は営業税事務官に注目せられ該官は相当の意見を徴したり。

　問題──該定義は果して誹毀罪を構成すべきや否にあり、而して若し該罪を構成すとせば其告発に依り、著者、印刷者、出版者の中何人を処分すべきかにあるなり。

　意見──本状師長の意見によれば該事実は正に誹毀の罪を構成す、然れど、情状を酌量して原著者をして該定義を変更せしむるの好機会を与ふるを宜しくとす、而して当該者にして其意に従はざる場合は之を告発すべきものです」という判決であった。　（※　2009.1）

(2)

　ジョンソン博士の辞書のexcise（消費税、物品税）に対する定義が税務官を誹謗するものとして訴えられた。その理由はexciseの批判のみならず、これを査定する税務官を、「この税によって傭われたる不徳漢（wretches）」と言ったからである。この定義が誹毀罪に当たるか否か鑑定が求められた。それを受けて「意見」を出した「状師長」は「ダブルュー、マレー」であると加藤咄堂は記し、この人は後のマンスフィールド卿だと注記している。

　ところで「状師長」という言葉はどんな地位の人を指すのであろうか。漢和辞典では「状」とは「裁判のさい事情を説明する書面」としてある。「状師」は「他人の訴訟の代理を業とする者、代言人や弁護士の類」で初出は中村敬宇〔正直〕の『西国立志編』（1870-71）であると小学館の『日本国語大辞典第二版』にある。つまり状師という言葉は明治時代の造語である。しかし状師長の「長」とは何であろうか。代言人長とか弁護士長というのは聞いたことがない。そこでW. Murrayという名前でジョンソンの時代にMansfield卿になった人を探してみると（*Oxford Dictionary of National Biography* vol.39, pp.992-1000）、それに相当する人はWilliam Murray, first earl of Mansfield（1705-1793）らしいことがわかった。彼の経歴を見ると、1754年にattorney-generalに

任ぜられ、1756年に sergeant-at-law に任ぜられている。この訴えがあったのは1755年の秋であるから、当時のW. Murray は attorney-general であった。加藤咄堂は attorney に「代理人、弁護士」という意味があるので、これを状師長と訳したものと思われる。英国では attorney-general は「国王を代表して刑事訴追に当たる最高の法務官吏」であるから、むしろ検事側に立つ人である。

　ジョンソンの辞書の excise の定義の訴えに対して、Murray はこの定義は誹毀罪に当たるとした。しかし情状酌量して原著者ジョンソンにはその定義を変えるチャンスを与え、もしジョンソンがそれに従わなかった時に告発する、という意見を下したのである。つまり裁判としては取り上げられず、ジョンソンが再版以後に訂正すればよいとしたのである。

　問題は「ではジョンソンはどうしたか」ということになる。確かにその初版には、excise に次のような定義が与えられている。

　A hateful tax levied upon commodities, and adjudged not by the common judges of property, but wretches hired by those to whom excise is paid.
（物品にかけられる憎むべき税。通常の資産判定の判事によって査定されず、物品税を受け取る者たちによって傭われたろくでなしによって査定される）。
確かに物品税を査定する人を wretches と呼んでは名

誉毀損になっても仕方がない。

　では、attorney-general から訂正のチャンスを与えられたジョンソンはどうしたか。

　それにはジョンソンの辞典のその後の版を見ればよい。その後の版と言っても第4版（1773年）まででよい。というのは、第4版がジョンソンが自ら訂正したり加筆や削除した最後の版だからである。この版の宣伝文の中でジョンソンは "Many faults I have corrected, some superfluities I have taken away, and some deficiencies I have supplied ..."（多くの誤謬を正し、いくつかの余計なものを除き、いくつかの欠けたものを補った…）としてある。しかしこの第4版の excise の説明は告訴された初版と全く同じである。ちなみに私の所有の第4版はかの *English Grammar*（1795）の著者 Lindley Murray 所有のもので、L. M. Hoffman によれば、ジョンソンがマーレーに贈ったものだと言う。（※　2009.2）

434. 詞姿畏るべし
（しし おそ）

修辞学で詞姿を無視できぬは、
文法学で品詞を無視できぬが如し。

　品詞（parts of speech）と言えば教室で英語を学んだ者が誰でも知っている、名詞、代名詞、動詞などの8品詞である（もっとも〔近頃〕は品詞も知らない大学生もいると旧派の教師の嘆き声も聞こえる）。品詞を知らずに英語を勉強しようという若者の多い時代に「詞姿（figures of speech）」を知る者は更にうんと少ないであろう。幸いなことに私は大学2年生の時に、figures of speech を扱う教科書で授業を受けた。Robinson という神父さんの授業であったが、その教科書はアメリカから寄付されたハードカバーのがっしりした本で、学生たちに貸与された。貸与と言っても後で回収されなかったから学生はみんな持っていたままで、私の書庫のどこかにもまだあるはずである。こんな教科書を使っていたのはアメリカでもレベルの高い進学高校（prep school）か、大学の教養課程だったであろう。

　品詞に8つか9つあるように、詞姿にもいくつかある。その中でも重要とされていたのは analogy（類比）、simile（[símⱥli(:)]直喩）、metaphor（隠喩）、metonymy（換

喩）、synecdoche（［sinékdəki］代喩）の５つであった。例を挙げれば、「類比」というのは Illness is to life as rust is to iron.（病気の生命におけるは錆の鉄におけるが如し）というような言い方である。「直喩」は The king was brave like a lion, or as brave as a lion.（王はライオンの如く勇敢であった）というような言い方であり、「隠喩」は The lion is the king of beasts.（ライオンは百獣の王なり）というように「…の如し」と言わずに、ずばり言うことである。「換喩」と「代喩」の区別はあまりはっきりしない。王冠（the crown）で国王を指すのが「換喩」で、帆（sail）で船を指すのが「代喩」と言われても、同じようにしか思えない。換喩の方が象徴性が高いと言えようか。

　品詞は知らなくても文章は書けるし、詞姿を知らなくても文学作品も書ける。しかし文法学では品詞を無視するわけにはゆかないし、修辞学で詞姿を無視するわけにゆかない。〔最近〕では文法学でも詞姿が問題にされるようになった。その画期的な著作が G. Lakoff と M. Johnson の *Metaphors We Live By*（The Univ. of Chicago, 1980；『レトリックと人生』大修館書店、1986）であることは広く認められているようである。私も楠瀬淳三氏や下谷和幸氏とこの翻訳にかかわるという幸運にめぐり合った。レイコフらが扱ったのは詞姿のうちでも metaphor であるが、その言語学的取扱いが優れているために、認知言語学のはじまりという人さえある。

　確かに metaphor は言語学的に興味深いものであるが、文学的、あるいは人生論的にも実に面白い。最近もメタファーで面白い本が出た。Mardy Grothe, *i never metaphor i didn't like*（New York: Harper Collins, 2008, vi + 330pp.）である。その中にはこんな話がある。

　かつてウーマン・リブがアメリカで盛んであった頃に、そのリーダー格の Gloria Steinem がよく言っていたスローガンとして "A woman needs a man like a fish needs a bicycle."（女が男を必要としないのは、魚が自転車を必要としないのと同じだ）が伝えられている。しかしこの比喩（analogy）は、Irina Dunn というシドニーの女子学生が、二つの女子トイレに落書きしたことが始まりだったという。Irina 嬢は大学の英文学の勉強中に19世紀のある自由思想家（freethinker）が、"A man needs god like a fish needs a bicycle."（人間に神が要らないのは、魚に自転車が要らないのと同じだ）と言っている本に出会った。それに感銘した彼女は、man を woman に、god を man に書き換えた。このトイレの落書きがアメリカに渡り、何百万人の女性を動かすスローガンとなったのである。巧なる詞姿、畏るべしである。

（※　2009.3）

435. アメリカの Generation 物語

"You are all a lost generation."
（あなた方はみんなロスト
・ジェネレーションよ）

　アメリカ文学を語る人はよく「失われた世代（lost generation）」に言及する。この言葉はヘミングウェイの『日はまた昇る』（*The Sun Also Rises*, 1926）のタイトルページに掲げてある Gertrude Stein のことば "You are all a lost generation."（あなた方はみんなロスト・ジェネレーションよ）が起源になっている。スタイン女史は詩人・作家であると同時にパリにサロンを持ち、ヘミングウェイたちのような第一次大戦後の国外に出たアメリカ人作家（expatriates）のパトロン役を務めていた。lost generation を『ジーニアス英和大辞典』で見ると、「失われた世代」として3つの内容があるとしている。

(1)第一次世界大戦中に育ち、戦争体験や混乱期を経て人生の方向を見失った人たち：特に第一次世界大戦後に活躍した米国の作家群（Fitzgerald, Hemingway など）

(2)第一次世界大戦で亡くなった才能ある若者たち

(3)不安定な時代に育ち、満ち足りないものを感じている
　世代

とある。アメリカ文学で問題になるのは(1)の意味である
が、この場合 lost という過去分詞形が学生の頃気にな
って仕方がなかった。しかし a lost sheep（迷える小羊）
とか a lost child（迷い子）のように完全に形容詞として
考えれば説明がつく。後に *OED* に "... any generation
judged to have 'lost' its values"（その価値を失ったと
考えられる世代はどれも…）とあるのを見て納得した。

　ところで generation（世代）という単語は *OED* によ
れば「親の誕生からその第一子の誕生までの時間、つま
り30年で三世代で一世紀」とのことである。語源的にラ
テン語 genero（産む）から出ているのだから、「第一子
を産むまでの時間」という定義はさすがに *OED* である。
そしてこの単語には「同じ時代に生まれた人々の全体」
という意味もあって、ロスト・ジェネレーションという
時の意味はそれに当たる。ここから generation という
単語はある時代の一般的な特徴、あるいは性格（the
tenor of the time）を示すのに用いられるようになった。
スタインの lost generation という表現が有名なためか、
アメリカでは時代区分みたいに、generation という言葉
を使うのが流行しているみたいである。William Safire
（*International Herald Tribune*, Mon. Dec. '98）による
と、次のようなものがある。

　まず the Greatest Generation（Tom Brokaw, 1998）

という世代がある。これは the Great Depression（1929年に始まった大恐慌）の頃に成年に達したアメリカ人男女で、第二次世界大戦で国に奉仕して、今の偉大なアメリカを作った人たちのことである。

それに続くのは the Silent Generation（Neil Howe, '91）である。McCarthy 上院議員が、国務省にはソ連スパイや共産主義同調者が何百人もいると攻撃した。これでリベラルな人たちは沈黙してしまった。

これと時代的に重なるのが the Beat Generation（Jack Kerouac, '50）である。これは「すっかり疲れ果て、酷使された感じ」の世代である。

それが70年代になると "me decade"（Tom Wolfe, '76）という言葉が出て、「甘やかされて育った世代」を意味する the Me Generation という言い方が流行する。すると1946年から64年に生まれた人たちの顕著な人口増加を示して the Baby-Boom Generation が現れる。それが Generation X（Douglas Coupland, '91）になる。これは自分のアイデンティティを隠すということを示す。2000年頃に成人になった人たちは the Millennial Generation で、Obama 当選は the Joshua Generation だという人も出てきた。（※　2009.4）

436. 現代の修辞学から
— *Oxymoronica* —

Make haste slowly.（ゆっくり急げ）

　大修館の「英語学大系」が企画された時、私は『英語学史』を担当するように太田朗先生から割り当てられた。そこには、OE と ME の研究史や修辞学史まで扱う予定であった。ところが英文法、それも18世紀まで扱ったらそれだけで645ページの大冊になってしまったので、それだけで出していただくことになった。OE の研究史は『イギリス国学史』（研究社）として後に出してもらったが、修辞学史の方は、数十枚の原稿のまま篋底にしまいこんで今日に至っている。修辞学の本の蒐集はその後も続いたので、一寸したコレクションになっている。

　有名な修辞学書は 'Landmarks in Rhetoric and Public Speaking' というシリーズでSouthern Illinois University Press から出ているので便利であるが、さらにその初版本なども集める努力をした。また16世紀初頭から18世紀末までの3世紀にわたっては W. S. Howell の浩瀚な研究書が出ているので私としても屋上に屋を重ねる気がなくなってしまった。そのうち rhetoric は説得術（art of persuasion）としてアリストテレスにおいて

は真理の探究と比肩すべき重要なものであるということが強調され、その方面の研究書も続々と出てきた。それと共に中世や古代の修辞学の歴史の著書も出てきた。「真理と言っても、相手が納得しなければはじまらない」という視点は興味深く、論文やエッセイを書く場合のヒントとして教えられることが多かった。私が月刊誌『諸君！』（文藝春秋）に書き出したころ、先輩に当たる物書きの方から議論の立て方などおほめにあずかることがあったのはそのおかげである。こんな具合で、「修辞学史」をまとめることなく今日に及んだが、修辞学に対する関心は消えないので、その関係の本が出ると読むことをやめないでいる。本書の［434］で紹介した Mardy Grothe の metaphor などに関する本もそれである。〔最近〕、この方面の著作を出している Grothe だが、彼は「修辞学はいかに面白いものであるか」を実例で豊富に示して、ベストセラーになったりしているようだ。

修辞学の用語に oxymoron（撞着〔矛盾〕語法）がある。「ゆっくり急げ = make haste slowly」などがその典型である。大修館『ジーニアス英和大辞典』には「イディオム化して日常それと気づかずに使っている場合が多い」として次のような例をあげている。an open secret（公然の秘密）、jumbo shrimp（ジャンボサイズの小エビ）、deliberate mistake（故意の誤り）、idiot savant（白痴の天才）、living death（生き地獄）、baby grand（小型グランドピアノ）。

　さて oxymoron の語源は、sharp を意味するギリシャ語 *οξυς*（oxys）と foolish を意味するギリシャ語 *μωρος*（moros）の合成語である。oxy- は oxygen（酸素）で知られているし、moron（ばか者）も英語でもよく出る単語だ。したがって直訳すれば oxymoron は ʻpointedly foolishʼ ということとになる。

　こういう oxymoron を集めて例の Mardy Grothe は *"Oxymoronica — paradoxical wit and wisdom"*（Glasgow HarperCollins, 2004, x ＋246pp.）を出した。10万部以上売れたというから修辞学関係の本としては異例であろう。ここには有名人の言った oxymoron が逸話と共に集めてある。古くはアリストテレスが言ったという ʻWe make war that we may live in peace."（われわれは平和に生きんが為に戦う）から、女優 Ava Gardner の "I am deeply superficial."（私は深く皮相的なのよ）まである。この本を外国にいる娘に送ってやったら、「時々、ひまを見ては開いて笑っています。生活のオアシスになっています」という手紙がきた。修辞学の本をそんなに面白くした著者がいるというわけである。

（※　2009.5）

437. *Oxymoronica* より

"健康のためなら死んでもよい。"

修辞学で扱う figures of speech（詞姿）の一つに oxymoron（撞着語法 eg. "make haste slowly" ゆっくり急げ）があることを前項で述べた。Mardy Grothe がそういう例を沢山集めて *Oxymoronica*（Glasgow: HarperCollins, 2008. x ＋246pp.）を出版して10万部を超えるというこの分野では珍しいベストセラーになっていることを紹介した。ちなみに oxymoronica という単語は Grothe の造語で *OED* にも入っていない。これは古書のカタログなどに見られる erotica（性愛関係文献）とか exotica（異国風俗・奇習関係文献）という用語に倣って、-ca という語尾を oxymoron につけたのである。『撞着語法集』とでも訳すべきか。

撞着語法は日本語にもよくある。最近の健康ブームを揶揄して、「健康のためなら死んでもよい」などと言うのは oxymoron の傑作であろう。明治天皇が伊藤博文の精力絶倫ぶりを指して「伊藤の健康は病的だ」と言われたという（本当だろうか）。これも oxymoron の傑作だ。そこで Grothe の本から、いくつか有名人の使った oxymoron を紹介してみよう。

　書斎に引き籠って本を読んでいたり、山荘や禅堂に入って瞑想したり、一人で森の中を歩いたり――こういう時、外見は自分一人である。しかし心の中では、いろいろ故人のことを考えたり、読んだ本のことを考えたりして少しも孤独でない。この状況を表現した oxymoron は昔から少なくない。『ローマ帝国衰亡史』の著者 Edward Gibbon（1737-94）は "I was never less alone than when by myself."（私は自分一人でいる時、一番孤独でない）と言ったという。またユダヤ人でありながらイギリス保守党総裁、首相になった政治家であると同時に、全集も出ているほど多作の小説家で、しかも当時は史上最高の値段で版権が売れたという Benjamin Disraeli（1804-81）はこう言っている。"There is a society in the deepest solitude."（最も深い孤独の中にも世間がある）この場合の society は「世の中」と考えてもよいし、知的交流を行う仲間と考えてもよいであろう。読書好きの人なら誰でも実感する瞬間のあることである。

　現代の修辞学関係の本の例によく引用される人は何と言っても Winston Churchill（1874-1965）である。最近の歴史家たちの研究によれば、日本を前の大戦に引き込んだ張本人ということになっているらしいが、個人としてはダントツに面白い人物である。彼は言う、"There is a terrible lot of lies going about the world, and the worst of it is that half of them are true."（世の中には

恐ろしいほど沢山の嘘が横行しているが、そこで一番悪いことはそうした嘘の半分は本当だということだ)。これを応用すれば「日本の週刊誌には恐ろしいほどのインチキ記事が出ているが、悪いことには、その半分は本当だ」と言えそうである。

　英文学の大作家にも oxymoron は多い。Chaucer の『カンタベリー物語』には "Poverty is hateful good."（貧困は憎むべき善だ）という言葉がある。Shakespeare も oxymoron の名人だが、"The truest poetry is the most feigning."（最も真実なる詩は最大の作り物だ）とも言っている。大詩人がそう言っているのだから本当だろう。そうすると彼の Sonnets の dark lady なども the most feigning の一つということになるかも。修辞の工夫の多いのはフランスのモラリスト達なので、フランスからも一つだけ。"I have made this letter longer than usual, because I lack the time to make it short."（この手紙はいつもより長くなってしまいました。それを短くする時間がありませんので）。（※　2009.6)

438. 修辞学の技法

―カイアズマス―

Ask not what *your country* can do for **you**,

ask what **you** can do for *your country*. -J.F.K.

　最近よく修辞学の応用編とも言うべき本を書いている Mardy Grothe の本をまた紹介してみたい。その本の表題はその中に述べようとしている修辞学のテクニックを用いたもので、

Never let a **fool** *kiss* you

　　　　or a *kiss* **fool** you

愚者にキスさせてはいけないし、

キスで愚者にされてはならない。

この表題から見ても、fool と kiss が交差している。

fool　　kiss

kiss　　fool

　このように文中で同一または類似の語句を繰り返す時に、語句の順序を逆にし、上の fool と kiss に見るように X の形になるように交差させることを、修辞学では chiasmus〔kaiǽzməs〕（交錯配列法、交錯対句法）と呼び、その形容詞は chiastic〔kaiǽstik〕である。この

単語の語源は、修辞学用語の多くがそうであるようにギリシャ語である。ギリシャ語χιασμós（khiasmús）は、「交差状に（十字形に）置くこと」という意味であり、これはχιάξειν（khiazein）「Xという字を書く」という動詞から作られている。上のfoolとkissの並べ方は正にXという字になっている。

これは演説などでは極めて有効な方法で、聞いた者に強い印象を残すのである。われわれの記憶に残るものとしてはケネディ大統領のものがある。

Ask not what *your country* can do for **you**,

ask what **you** can do for *your country*.

これはcan do forを中心にして見事なX字をなしている。

your country　you

can do for

you　your country

「国が君のために何をやってくれるかを求めるな。君が国のために何ができるのかを問え。」これは一国のリーダーが国民に呼びかけうる最高の言葉である。このカイアズマスを用いた演説でケネディは永久に忘れられることはないであろう。少くとも修辞学の世界では。

カイアズマスの本場のギリシャから一つ例をとれば、ソクラテスの言葉に「悪人は飲み喰いするために生きるが、善人は生きるために飲み喰いするのだ」というのが

あるが、これは短縮されて格言になっている。

　ロスチャイルドの旧姓を持つアメリカのユダヤ系詩人・作家の Dorothy Parker（1893-1967）は、Midtown Manhattan の洒落たホテルとして有名な Algonquin Hotel に集まって、機智に富む会話を楽しむ仲間——the Algonquin Round Table——の重要なメンバーであったが、時として甚だレディらしからぬ発言もした。彼女をモデルにしたと言われる芝居に彼女が欠席したので、友人の一人は「どうして見にこなかったんですか」と聞くと、彼女はこう答えたという。

　I've been too fxxxing busy, and vice versa.
これは日本語で訳しても意味をなさないので図解すると、

　　　I've been too fxxxing busy,

　and I've been too busy fxxxing.

訳文は遠慮しておくが、fxxxing には very を強めた副詞の意味と、その行為の現在分詞の意味がある。

　最後にチャーチルが孫息子にそっくりだと言われた時の無邪気なカイアズマスを一つ。

　All babies look like me.

　But then, I look like all babies.
これには訳は不要であろう。（※　2009.7）

439. 言い返しバンザイ

中でも、ウィンストン・チャーチルは
言い返しの花形だ！

　もう50年近くも前になると思うが、私は英語を読む力は主として語彙にあることに気がついた。これは漢文を考えてみればわかり切ったことである。漢文はどれだけ漢字を知っているかによってその実力が、つまり読書力が決まると言ってよいであろう。漢文とは語彙、つまりvocabulary の問題なのである。漢文と英語では何となく違うと思っていたのが自分の間違いだと気が付いて、イギリス留学から帰ってきて間もなく、単語帳を作って（受験生時代にもどった気になって）せっせとvocabulary を増大させる努力をしたことがあった。その効果は顕著であったので教室でも vocabulary building の本を使って学生たちをしごいたことがあった。その時に確か taciturn（無口な）という単語を教える項目に、アメリカ第30代大統領 Calvin Coolidge の逸話があった。あるディナーパーティでその間に、大統領に3語以上語らせるかどうか賭けをしようということになった。それを聞くと Coolidge は "You lose."（お前さんの負けだ）と2語を言って黙ってしまったというのである。

そのパーティで Coolidge が黙り通したかどうかは知られてないし、またそれは大した問題ではない。彼の当意即妙な答えが素晴らしいのだ。

こういう「言い返し」を英語では retort（切り返し、口ごたえ）などと言う。フランス語から来た単語では repartee［rèpərtí:］と言い、「当意即妙のやりとり」の意味である。これはフェンシング用語の repartir（すぐに突き返す）に由来するらしい。似たような意味の単語には riposte, rejoin などがある。この「やり返し」にふざける意味が加わると banter とか razz とか rib とか roast とかいろいろある。

広い意味では repartee も修辞学的な工夫の分野に入る。ここ数回紹介してきた Mardy Grothe にも、古今の有名な repartee を集めた本があり、*Viva la Repartee*『言い返しバンザイ』（London: JR Books, 2007, 292pp.）として出版されている。

その中にも Coolidge 大統領の repartee が紹介されていた。ある日のホワイト・ハウスの晩餐会のアフター・ディナーの余興にオペラ歌手が歌った。彼女は緊張のあまりかひどい歌い方になってしまった。彼女の歌の途中で客の一人が Coolidge の耳に口を近づけて囁いて言った。「この歌手の execution（でき栄え）をどう思われますか」と。Coolidge は例によって口数少なく "I'm all for it."（それに大賛成だよ）と。この場合、execution の２つの意味を瞬時にして使いわけて答えたのである。

　この execution という単語には、「演奏ぶり、演技ぶり」
のほかに「処刑、死刑執行」の意味がある。Coolidge
に囁いた人は第1の意味で、Coolidge は直ちに第2の
意味で使ったのであった。

　こういう逸話になると英語圏ではウィンストン・チャ
ーチルが花形である。Grothe もその本の開巻劈頭に2
つばかり彼の例をあげている。多少酔っ払ったチャーチ
ルが偉そうに話し続けるのに頭に来た Lady Nancy
Astor が、「ウィンストンさん、あなたが私の夫だった
ら、あなたのコーヒーに毒を入れてやるワ」と言うと、
チャーチルは一拍も置かずこう答えた。「ナンシーさん。
あなたが私の妻だったら、私はそれを飲むよ」と。

　やはり少し酔っ払った時のチャーチルの話である。社
会党議員の Bessie Braddock が、チャーチルの話にうん
ざりして「ウィンストンさん、あなたは酔っ払っていま
すよ」と言った。すると彼はこう答えた。「ベッシーさ
ん、あなたの言う通りだ。そしてあなたはブスだ。しか
し明日の朝になれば私の酔いはさめます（しかしあなた
は明日になってもブスだ）」と。もちろんカッコの中は
言ってない。（★　2009.8）

440. 気まぐれ文法論に御用心

語法ではなく本物の文法教育が必要。

「気まぐれで規則を作る文法家に御用心（Beware of grammarians who rule by whim）」という記事が *International Herald Tribune*（Mon. Dec. 29, 2008）の "Language" 欄に掲載されている。これは元来 *The Boston Globe* 紙に出たもので、筆者は Jan Freeman という人である。この記事によると規範文法家（prescriptivists）の間に、「not は文尾に来るべきでない」という議論があるという。たとえば「彼女は自分は自由であると思ったがそうではなかった（She thought she was free, but she was not.)」というのもよくないことになる。「そんな馬鹿な話があるものか」というのが Freeman 氏の意見で、こういう「気まぐれ（whim）から出たとしか思われないことを文法の規則として押しつけたがる規範文法家や教師がいることを実例をあげて批判している。

　ある高校の女教師は「そのピッチャーはストライクを一つも投げなかった」という場合、"The pitcher threw no strike" と言ってはいけないと教えている。というのは、'no strike' は投げようがないからだというのであ

る。確かに日本語には「no strike を投げる」という言い方はないので、日本人にはよくわかる理屈である。しかし英語では Old English の時代から、こういう場合の 'no' は 'not any' と同じということになっている。しかしこの女教師に教えられた人は、その後何年間も「その店にはバナナがなかった」と言う時、'The store had no bananas.' と書かないようにしたという。

　昔からある人が気まぐれみたいに言ったことが rule のようになってしまうことがある。言った人物が偉ければその効き目は何世紀にも及ぶ。桂冠詩人の John Dryden が1672年に書いた随筆の中で、文の末尾に前置詞がくるのは「あまり優雅な言い方でない（a less than elegant phrasing）」と言ったために、その影響は今でも残っているそうだ。関係代名詞の前に前置詞を置く書き方（at which など）はその名残りらしい。また逆に言えば、われわれ日本人が英文を書く時、前置詞を関係代名詞の前に置くような文章を書けばほめられることになる。

　気まぐれ的な語法論となればきりがない。19世紀の後半にも出た Alfred Ayres の *The Verbalist*（1881）では、「健康な、健康によい」という単語でも、「健康によい食物」は wholesome food で、「健康的な家」が 'healthful house' で、「健康な人」は、'healthy person' になるべきだということになっているそうだが、実際にはそう厳密に分けて使われていることはない。

　また、'over' を 'more than' の意味で使ってはいけないと AP（Associated Press アメリカ連合通信社）の stylebook（印刷規定集）に書いてあるが、これは William Culler Bryant が、*New York Evening Post* の編集者の時に決めたことだという。Bryant はナポレオンが出てきた頃に生まれた人だ。その人がたまたま嫌いだった語法が、200年間もアメリカのジャーナリズムの書き手を縛っていたというのは驚くべき話である。Bryant は詩人でもあったから語法に好き嫌いがあったのだろう。

　このような例がいくつも並べられており、アメリカ人でもお互いに批判し合っているのは面白い。ところでこういう議論をしている人たちを grammarians と呼んでいることが気にかかる。日本でも英文法が嫌われるのは、この種の話が入ってくるからだと思うからである。ここで問題になっているのは、私に言わせれば「語法」であって「文法」でない。文法はもっと単純でしっかりした構造のことである。語法を学び出せばキリがない。一生の仕事だ。私は語法ではなく本物の文法教育が必要だと考えている。（※　2009.9)

441～442. 古い百科事典

古い百科事典は役に立つ。その時代時代の最新情報をのせている。

「古木焚くべく、古書読むべく、古友親しむべし」というような文句を読んだ記憶がある。自然科学系の人は、古書など読む必要はあまりないだろうし、新しい書物でも駄目で、本になる前の発表されたばかりの情報が大切なのだと言う。学問が科学化してからは、そういう発想法は文科系の人たちの間にも滲透してきた。「新」イコール「善」という単純な進歩思想である。私も学生の頃に「今、一番すぐれた哲学者は誰ですか」と渡辺秀という哲学の先生に愚問を発したことがあった。先生は苦いような表情をされて、「自分の好きな哲学者の方でよいのじゃないですか」と言われた。

　それでも私は文科系の学問の本質を悟らなかった。50年前にドイツに留学した時、印欧比較言語学の「新しい星」と言われていたペーター・ハルトマン教授のお宅の夕食に招かれ、書斎を案内していただいた。その時、私はまたも同じような愚問を発したのである。「シュライヘル（August Schlaicher, 1821-1868）の業績についての最近の評価はどのようなものですか」と聞いたのであ

る。言語学は科学であり、哲学とは違うだろうと考え、最新の比較言語学界において90年前に亡くなっているシュライヘルはどう評価されているかを知りたいと思ったのであった。ところが先生は目を輝かし、微笑を浮かべながらこう答えられたのである。

「それが最近の学者の仕事のたいていのものよりずっと良いのです」と。

しかもその言葉を二、三度繰り返されたのである。

　これは強烈な印象だった。ハルトマン先生は一般言語学のゼミでも、その頃話題になってきたチョムスキーに言及されることがあった。「近頃、アメリカでもフンボルトのようなことを言う人が現れたよ」と。そして先生のゼミではフンボルトを読んだ。

　高校生の時に鶴岡市の古本屋で千円で買ってもらったネルソンの百科事典（文庫版ぐらいの大きさで二十数巻）を私は持っていた。それは佐藤順太先生の書斎で見たことのあるもので、私も欲しいと思っていたのである。しかし使うことはほとんどなく書斎の隅に置いてあった。ところがある時、英文学史に関することで調べてもなかなかわからない事項に出会った。「ひょっとしたら古い百科事典になら書いてあるかも知れない」と思って、買ってもらってから20年以上も経ってから引いてみたら、その事項が出ていた。びっくりして、そのことを研究室が隣であった故・佐多真徳教授に話したら、アメリカ文学の佐多先生も、「ネルソンには時に、他の本では見つ

からないことが出ていることがありますね」と言われた。

　小型の百科事典でも古いものは役立つのだから、ブリタニカのような大百科事典の古いものならもっと役に立つのではないか、と思って、ブリタニカの古い版を集め、今では初版から15版まで集めてしまったが、以前ブリタニカ社の副社長の友人にそのことを言ったら、「ブリタニカ社にだって揃ってないよ」と言われた。その後の私の経験によれば、古い百科事典は実に役に立つことが多い。その時代時代に最新と思われた情報を満載しているからである。最近も大修館から出した拙著『英語の歴史』の読者から、ノルマンディ公国を建てたヴァイキングの首領、Rollo（Rolf）はノールウェイ人かデンマーク人かと質問があった。はてどっちだったかと思い出せず、便利にしているいろいろな文献を見たが、Northman であることしかわからない。そこでブリタニカの各版をさかのぼり、第7版（1842）に至ってようやく詳しい伝記を見つけた。彼はノールウェイの公爵で、追われてスコットランドに行き、後にフランスに行き、アルフレッド大王以後、最も立派な首領になったというのである。

（※　2009.10）

(2) ウイスキー

　古い百科事典の効用についての体験をまた一つ紹介してみたい。もう30年も前のことだが、私はあるエイジェントからウイスキーの広告文を書くように頼まれた。その際、ウイスキーについての資料をいろいろいただいたがそれは使わないでしまったし、その企画も途中で消えてしまった。しかしウイスキーはイギリスを代表する飲み物であるから少し調べてみようとその時思った。

　それでイギリス人の意識の上でウイスキーがどのようなものであったかをざっとたどってみることにした。まず *OED* に当たると、*whisky* の初出は1715年であり、それは *whiskyboe* の短縮形で、語源は gaelic（スコットランドやアイルランドのケルト語）の *usquebaugh* だとしている。そう言えば赤坂あたりにウスケボというレストランがあったが、その店の名前は何のことはない、ウイスキーだったということに気付かされた。語源の説明では *uisge*（＝ water）と *beatha*（＝ life）の合成でラテン語の *aqua vitae*（＝ water of life）と同じ造語法である。そう言えば *aquavit* という北欧の焼酎みたいに透明なブランデーをお土産にもらったことがある。フランス語の *eau-de-vie* はラテン語の直訳だ。*OED* は親切にも、アイルランドとスコットランドでは whisky を barley（大麦）から作るが、アメリカでは rye（ライ麦）か maize（トウモロコシ）から作るとしてある。

42

そこで『ブリタニカ百科事典』の初版（1771）を引くと、まだ *whisky* は記載されず、*usquebaugh* が出ていた。「強い混合蒸留酒で、主としてちびちびと飲まれる（take by way of dram）」と説明され、製造法が数行与えられている。第2版（1784）の記述は全く同じである。

第3版（1797）になると、はじめて *whisky* が項目として登場し、説明に5行も与えられている。「'水'を意味する単語であり、スコットランド及びアイルランドで大麦から造られる蒸留酒で、おそらくどのモルト・ブランデーよりもましである。これには強いが刺戟性はなく、焦げたような味や臭い（empyreumatic taste or smell）は全くしない。」と好意的な叙述である。何となく出版社（Bell and Macfarquhar）があったエディンバラの書き手のスコットランド自慢が感じられる。一方、*usquebaugh* の記述は初版・2版と同じである。ここから推察すると、18世紀末のエディンバラにおいては *whisky* と、*usquebaugh* は別種のスピリットとして認識されていたらしい。

第4版（1810）、第5版（1817）、第6版（1823）は出版社が変わっただけで同じような版である。ここでは *whisky* の記述がたった3行に切りつめられているが、*usquebaugh* の記述は3版と同じである。その3行というのは3版の書き出しの3行と全く同じで、3版にあった whisky をほめる言葉がない。同じエディンバラ刊行の事典なのだから、スペースの問題だったのかも知れな

い。

　第 7 版（1842）は技術志向の強い版であるが、*whisky*
はたった 2 行になる。そして *usquebaugh* はもはや項目
として消えている。この頃からスコットランドでも
usquebaugh は方言みたいになって事典に載せるに値し
なくなったものらしい。

　不思議なのは第 8 版（1860）、9 版（1889）、10版
（1903）である。これらの版には *usquebaugh* はもちろ
ん *whisky* も採録されていないのだ。7 版から出版社が
Black になった為だろうか。大英帝国極盛期には大百科
事典に *whisky* がない。この頃、日英は開国して、華族
や富豪では 9 版を客間に飾るのがステイタス・シンボル
だったのに *whisky* については知りようがなかったわけ
である。

　第11版（1911）から Cambridge が編集の中心となり、
それ以後は *whisky* の種類や成分表までついて今日に至
っている。（※　2009.11）

443. A Universal Pronoun 問題

男女差や単複の区別をしなくてよい
代名詞が欲しいらしい。

　アメリカには変な訴訟が時に現れる。〔去年〕のアメリカ大統領選挙の時の話である。ネヴァダ州の Reno 市の一弁護士——この人は引退していたので暇だったのかも知れない——が州裁判所に要求を出したのである。その要求とは、「もしヒラリー・クリントンが民主党の大統領候補選に勝ったならば、その名前を投票用紙に書かせないようにしてもらいたい」というものであった。

　この要求をわれわれが聞いたら、その理由はヒラリー夫人のスキャンダルに関するものであろうと思う。しかし理由は純粋に文法的なものだった。その言い分はこうである。

「合衆国憲法は女性が大統領になることを決して意図していなかった。というのはその文書には she とか her とかいう女性名詞が使われていないことからわかる。これは合衆国憲法の製作者たちは、女性が合衆国の大統領になることを決して意図していなかったことを決定的に示している。」

　この議論がどうなったかは解らないが、ここでわれわ

れの興味をひくのは英語の代名詞の話である。この問題
を Patricia T. O'Conner & Stewart Kellerman が、*The
International Herald Tribune*（Monday, 27. July '09）
の"Language"欄で取り上げている。この２人は夫婦
で『ニューヨーク・タイムズ』の編集員だった人たちだ。
この２人は今年『インチキ英語論の起源』（*Origins of
the Specious*. New York: Random House, 2009. x +
266pp.）を出版しているが、ここでも同じ問題が論じら
れている。

　日本でも E-mail が盛んであるが、その場合表現がな
るべく短い方がよい。英語の場合、男女差別や単数複数
の区別をしなくてもよい代名詞が欲しいという欲求があ
るらしい。無性無数の代名詞を universal pronoun（汎
用代名詞）と呼ぶとすれば、そういうものが欲しいとい
うわけである。

　それで奇妙な提言もいくつかある。たとえば his と
her を一緒にして hiser とか、he と she を一緒にして
s/he とか shhe とかである。ある人はこう言った。
「they を単数にして使えないかしら。」もちろんこうい
う提案には反対がある。「性中立のために、複数を示す
代名詞を単数に使うなどということは許せない。」

　伝統的な文法では he は誰を指すのにも使ってよかっ
た。"*he* can refer to an *anybody* or an *everybody*" とい
うわけである。それは man が日本語の「ヒト」のよう
に男でも女でも指せるように。これはドイツ語でも

man（m小文字、n 1 個）は「ヒト」と同じに使われる。
どうも男はヒトを代表しているとゲルマン人（アング
ロ・サクソンもゲルマン人）は考えたらしい。それで
he が男女の別なく使われているのだ、とわれわれは考
えやすい。

　ところが、これに社会史的言語学者 Ingrid Tieken-
Boon van Ostade から反論が出た。「代名詞 he は両性
に使いうる」と最初に言ったのは Anne Fisher の *A
New Grammar*（1795）からだ、と言うのである。彼女
の英文法書は私も『英語学史』（大修館書店　1975）の
pp.351-2その他で扱ったことがあるがそのことには気が
付かなかった。ともかく he に she をも含ませることが
できるという文法規則は歓迎され広く用いられた。やは
り便利だったからであろう。

　ところで they であるが、Chaucer はこれを単数にも
複数にも、男性にも女性にも使っており、they はあた
かも everybody のような感覚で、つまり不定代名詞
（indefinite pronoun）として使っていたというのが
Merriam Webster's Dictionary of English Usage の指摘
するところだ。Byron, Butler, Thackeray, Dickens など
も they を単数扱いにしており、ウェブスターの
Collegiate Dictionary の第11版は they を単数に使うの
を 'acceptable' としている。（※　2009.12）

444. ベーコンとの再会

マコーレーの "Lord Bacon" を読む。

　和辻哲郎に『日本の臣道・アメリカの国民性』という小冊子がある。これは昭和19年（1944）7月に筑摩書房から「戦時国民文庫」として2万部出版されたものであった。そのうち「アメリカの国民性」の方は前の年（1943年）の12月に書き上げたものであるが、内容はアングロ・サクソンの考え方、特にアメリカ人の思想の特質が、ベーコン（Francis Bacon, 1561-1626）とホッブス（Thomas Hobbes, 1588-1679）の2人の思想・哲学によって形成されていることを述べたものである。大東亜戦争も緒戦の勝利の光がかげり始めたが、まだ大東亜会議（アジア諸国の史上最初の国際会議）を東京で行うほどの余力を残していた頃に、当時55歳の東大教授として力の漲っていた和辻が書いた作品で、短いものであるが、ある意味で彼の『風土』に劣らぬ名作で、いま読んでも感服させられるところが多い。もっとも最後の2行だけは戦意昂揚の言葉をくっつけているが。

　最近ある雑誌にアメリカ論を書く折に読み返してベーコンとホッブス（ホッブスはベーコンのラテン語の主要作の英訳者でもあった）に対する興味を新たにして、マ

コーレー（T. B. Macaulay, 1800-59）の"Lord Bacon"
を読んだ。和辻もマコーレーも実に名文家だとつくづく
思う。叙述が実に面白いと同時に、明快で切れ味がよい
のだ。

　マコーレーはベーコンの哲学が、プラトンやセネカな
どの古代哲学をすっかりひっくり返したものであること
をまことに説得的に述べている。古代哲学は中世になり
アリストテレスを重んじた聖トマス・アクィナスの神学
となり、つまりアリストテレス的哲学がヨーロッパを支
配する。これに対する不満はルネサンス期のラテン語の
美文運動としてまず現われ、ついで宗教改革となる。宗
教改革者たちはスコラ哲学を批判することはよくやった
が、代わりが提供できなかった。それを提供したのがベー
コンだというわけである。マコーレーは宗教改革の哲
学者たちはフランス革命のロベスピエールのようなもの
で、ベーコンはナポレオンみたいなものだという。ロベ
スピエールはアンシャン・レジーム（ancien régime）
を破壊したが、ナポレオンは新しい帝国を作ったという
意味だ。

　古代哲学は、霊魂の問題とか、人間の知性の本質とか
を考え、説き続けてきた。しかし、これは解決のない問
題の繰り返しである。しかるにベーコンの哲学は、役に
立つものを経験・実験で発見し、人類の福祉の向上に貢
献するというutility（有用性）あるいはfruit（果実）
を求め、進歩（progress）を続ける哲学である──とマ

コーレーは要約してみせる。そして古代哲学から、たとえばセネカを例にあげる。

　キケロやカエサルの時代にポシドニウスという著述家がいて、アーチ建築の原理や金属の使用方法などが、「哲学」によって発見されたとした。これに対してセネカは猛烈に反駁した。真の哲学者はアーチがなくてもかまわない。最近、ガラス窓とか、建物全体を暖める管とか、速記術などが発明されたが、そんなものはみな奴隷の仕事である。哲学はもっと深いのだ。哲学は魂を形成するものである。便利なものを作るのが哲学というならば、最初に靴を作った者は立派な哲学者ということになる──こういう哲学をベーコンはひっくり返してゆく。ソクラテスもプラトンと同じ筆法でベーコンは批判してゆくのだ。

　思い起こせば今から62年前（昭和23年）に、英語の教科書の Lesson One にあったベーコンの 'Of Studies' を佐藤順太先生に教えていただいたのが英文科に進む大きな動機だったが、そのうち語学の方が中心になってしまった。英文科の授業もベーコンなどアングロ・サクソンの思想を教えることも重要なのではないか、と今は思うようになっている。（※　2010.1）

445. William Safire 死す

彼の書くものは反対派にも人気が
あった。

　去年（2009年）の9月29日（火）の新聞にウィリア
ム・サファイアの死亡記事が載っていた。大要次の通り
である。

　「ニューヨーク・タイムズの保守系コラムニスト。9
月27日膵臓がんのためメリーランド州の病院で死去。
79歳。故ニクソン大統領のスピーチ・ライターを務め
た後、1973年にニューヨーク・タイムズに入社。リベ
ラル色が強い同紙の中で保守としての主張を貫いた。
79年から始めたコラム"言語について"は知識層から
絶大な支持を得た。78年にピュリツァー賞（論評部
門）を受賞している」

彼の「言語について」というエッセイは *International
Herald Tribune* の月曜版に 'Language' というコラム
として掲載された。私もここ20年間ほど彼のコラムを愛
読してきており、時には本誌にも紹介・利用させてもら
った。言語学者でもなく、文法学者でもなく、辞書家で
もなく、語源学者でもないのに、言葉について鋭く、か
つ「面白くて為になる」エッセイを書き続けるというの

は独特の才能であり、特別の趣味を持った人でなければできないことである。こういう人を language maven と呼ぶということも私は Safire のコラムから知った。直訳すれば「言語通」とでもなろうか。

　この maven（達人、めきき、通）という単語はいわゆる Yiddish である。これはドイツ語の Jüdisch（ユーデッシュ、つまり Jewish）が英語化したもので、簡単に言えば欧米のユダヤ人たちの言葉である。Safire は正に英語の maven であり、この単語が示すように彼はユダヤ人の家庭に生まれた。元来の名前は Safir であったが、英語として普通の発音になるように語尾に -e を加えて Safire としたのである。ニューヨークのブロンクスの科学専門の高校を出てシラキュース大学（Syracuse Univ.）に進んだが、２年で退学し、その後の学歴は知られていない。しかし晩年は同大学の理事になっている。

　彼は PR 関係の仕事に入り、ラジオやテレビのプロデューサーをやっていたが、1959年にモスクワでアメリカ貿易フェアーがあった時に、アメリカのモデル・ハウスを展示した会社の PR をやった。この時にニクソンと親しくなったらしく、後に彼のスピーチ・ライターになった。当然共和党、つまり保守党なのだが、民主党的つまりサヨク的なニューヨーク・タイムズに書くことになった。彼のコラムは Op-Ed Page といわれるところに政治記事を書いたものであった。Op-Ed Page というのは社説欄に向い合っている特集ページのことで非常にステイ

タスが高い。こんなコラムをどうしてニューヨーク・タイムズが提供し続けたかと言えば、彼の意見に反対する人たちにも楽しくかつ面白く読めて、しかも有益な情報を提供したからだという。強いイスラエル支援派であったが、彼の書く物は反対派にも人気があったのである。彼自身は自分を libertarian conservative と称していた。彼は G. Bush の政策を支持したが、テロ疑惑の囚人の取り扱いについては激しく批判している。

　彼はクリントン政権の誕生を支援したが、後には激しい批判者になった。ヒラリー夫人を congenital liar（生まれながらの嘘吐き）と言って物議をかもした。この時、ヒラリー夫人は「自分は平気だけど、母のために腹を立てる」と言った。これはヒラリー夫人も相当の language maven であることを示している。というのは congenital の語源は〔con（同時に）＋ genital（生殖器の）＝生まれつきの〕であり、genital という語は母に関係しているからである。Safire の死後も 'Language' のコラムは続いているが質が落ちている、つまり楽しくない。Safire の文章は易しくなかったが楽しいものだった。（※　2010.2）

446. 英文学者の平常心

―福原麟太郎先生の日記から

昭和19年（1944）10月1日～
昭和20年（1945）10月20日の日記。

　福原麟太郎先生には、習ったことはもちろん、お目に
かかったことも、遠くから見かけたことすらない。しか
し学生時代の理想として仰いだ二人の学者は、福原先生
と、漢文の吉川幸次郎先生（この方にもお会いしたこと
も遠くから見かけたこともない）であった。このように
お目にかかったこともないのに尊敬して見習おうとする
ことを「私淑」するというと漢文の時間に習ったが、
正に私淑した先生方であった。
　福原先生の著書に最初に触れたのはまだ出京して大学
に入る前のことであった。その本は『英文学の思想と技
術』（光風館、昭和23年＝1948年、170pp.）という小冊
子である。新制高校生になったばかりの私は、この本を
読んで英文学というものが大体解ったような気になった
のだから、今から考えるとおかしい。しかし、この小冊
子はそれほど優れた本であり、大学で教えるようになっ
てからも何度か読み返した。後に福原先生の署名がある

　工藤好美先生への贈呈本も古本屋で入手したが、これは全く開いた形跡のない美本であった。

　こんなことから福原先生の本は見つけ次第買い求めたので、先生の著作で単行本で出ているものは、戦前の「研究社英米文学語学講座」のブックレットなどもふくめて、だいたい全部持っているのではないかと思う。その中で最近読み返して感慨と感銘を新たにしたのは先生の『かの年月』（吾妻書房、昭和45年＝1970年、4＋194pp.）である。これは昭和19年（1944）の10月1日から昭和20年（1945）の10月20日までの約1年間の日記である。戦争の時代の記憶を持たない人のために説明すれば、1944年の10月のはじめ頃は日本軍がグァム島やテニアン島で玉砕したことが発表され、ペリリュー島での奮戦の様子を昭和天皇が毎日御心配されて報告を求められているという話が伝えられ、また間もなく台湾沖航空戦の大戦果（誤報だった）が伝えられたが、戦場がフィリッピンに移り、特攻隊も出てくる頃である。そして1945年の8月15日は終戦。その約2か月後までの約1年間、つまり日本が本当に敗け始め、東京以外の多くの都市も無差別爆撃や原爆で焼き盡され、そしてアメリカ軍が進駐し始めたという、わが国が始って以来の大混乱状態にあった1年間の日記である。

　英語は敵性語と言われていた。その敵の爆弾は東京にもしばしば降っていた。その頃、東京高等師範・東京文理大の英文科では何が行われていたか。ところどころ抜

き書きしてみよう。

「11月17日。午後、軽作業の学生の働いているところに
ゆく〔当時、学生は勤労動員で、工場で働かされてい
た〕。３時、英文科の学生を集め、凡そ40分、ヴィクト
リア朝を話す……どうしても電車が来ないのには驚い
た。」

「11月18日。正午より雨となる。一時から、大学一年
『キャンディダ』講読。夕方中野好夫氏、市河賞候補論
文（櫻庭信之のフィールデング論）を持参さる。」

「11月26日。一機学校の上にやってきたが、一機なら大
丈夫というので会を始める。余はヴィクトリア朝以来の
帝国主義の発展についてバリントンの処説を語り、藤井
〔一五郎〕君が英国の宗教をディベリウスによって話し
た。〔この頃、福原日記には D. C. Somervell を読んだ記
録もある。ディベリウスはベルリン大学の教授で英国研
究の権威。いずれも2, 30年後の私の愛読書になった本
であるから感慨が深い。〕」

　このように爆撃で邪魔されながらも、英文学の古典の
論講や講義は行われ続け、学者、学生との交流も保たれ
ている。終戦の近い頃になると、広津柳浪とか斎藤緑雨
を読み、全く時代離れした評を日記に書き連らねておら
れる。こんな国家の大変動を私がこれから体験すること
はあるまいが、万一あったら福原先生の如くありたいも
のと思う次第。（※　2010.3）

447. バーサ・クレイ『谷間の姫百合』

鐘紡社長、時事新報社長を経験した武藤山治がもう一度読みたいと言った小説。

　去年まで私は *Dara Thorne*（1883）という小説のあることも、その著者である Bertha Clay という女流作家のことも知らなかった。たまたま雑読していた本の中で2度も出会った。第1回目は木村毅先生の武藤山治の伝記の中である。（ちなみに木村先生は明治の比較文化論的なことでは最もすぐれた人であると思うに至ったので努めて読むようにしている。）武藤は鐘紡を日本の代表的紡績会社にした大実業家である。彼は福沢諭吉を尊敬し慶應義塾に入学。卒業するとアメリカに渡り、工場の見習工、皿洗い、食堂給仕などの労働をしながらパシフィック大学で学んだ。

　この間、彼はバーサ・クレイという女流通俗作家の『ドラ・ゾーン』を読んですっかり魅せられ、くり返して読んでいるうちに、ほとんど全巻を暗記するに至ったという。これが英語の読書力と英文を書く能力の土台になったというのは、武藤自身の言葉である。武藤は晩年、これをもう一度読みたがっているというので、木村先生

は次のことを教えてやった。『ドラ・ゾーン』は末松謙澄（伊藤博文の長女の夫、伊藤内閣内務大臣。ケンブリッジ大学留学中に『源氏物語（抄）』を訳したこともある）が明治20年代に『谷間の姫百合』と訳しており、これが昭憲皇太后のお読みになった唯一の西洋の小説であった。これは菊池幽芳が『乳姉妹』と翻案して出しているし、尾崎紅葉もバーサ・クレイの小説をいくつか読んで、『金色夜叉』にも彼女の本から取ったタネを使っているとのことである。

　第2回目にこの Dora Thorne の話に出会ったのは小松緑の自叙伝『抱冤伝』の中である。小松もアメリカに渡って苦労しながら、ベルモント・スクール、アイオワ州立大学を経てエール大学卒業、更にプリンストン大学で Ph. D. を得たという明治時代では珍しい学歴の人で、外務省に入った後ジャーナリズムの世界で活躍し、伊藤博文や山縣有朋とも親しく、伊藤博文の全集まで出した。彼がベルモント・スクールにいた頃、1冊25セントで Dora Thorne を買って読んだところ、あまりに面白いので同じ著者の他の2冊も買って愛蔵していた。ところがある日、3冊とも表紙もろとも裂かれて紙屑籠に捨ててあった。犯人を探すと校長夫人で、授業もするが寄宿生の素行監督もやっている人だった。怒って文句を言いに行ったら、夫人は「あれはラヴ・ストーリーで学生や善良な家庭で読むべきものでありません。校風に悖る危険物には財産権がない」と言われてしまった。そして

「同じ文学ならスコット・デキンズ、アーヴィング・ホーソンなどの傑作を読みなさい」と言ってそういう本を貸してくれたが、ホーソンの『緋文学』がよくて *Dora Thorne* の恋愛が悪いということが小松には当時わからなかったという。ちなみに小松は菊池幽芳のほかに、幸田露伴の『新羽衣草子』も *Dora Thorne* を換骨奪胎したものだという。

　こんなことで私は昭憲皇太后がお読みになったという末松訳の『谷間の姫百合』を見たくなった。「探せよさらば見出さん」で、この4巻の合巻私家本で、三方金の特別装幀である超美本が手に入った。この中には皇太后に献上したプロセスや、某伯爵夫人の手紙文までついている。面白いのは末松が序文の中で 'love' という英語に対する日本語の「適語」がないので、愛、恋、慕、思、好など、語意文勢に従って使いわけると説明し、'like' と混同していることもあると弁解していることである。

　Bertha Clay のことは、私は知らなかったが、『英米文学辞典』（研究社、1985）には西川正身先生の詳しい説明があった。彼女は本名が Charlotte Monica Braeme (1836-84) というカトリック作家だったとのことである。

（※　2010.4）

448. ifferisms の本

if で始まる警句、金言。

　まだどこの辞書にも出ていないと思われる単語を表題にした本が出た。Dr. Mardy Grothe, *ifferisms — an anthology of aphorisms that begin with the word if* (New York: HarperCollins, 2009. 326pp.) という本がそれである。Grothe という人は元来は心理学者で経営コンサルタントを業としているのだが、学生の時から、面白い表現を集めるのが趣味であった。その蒐集が厖大になった時に、いくつかに分類して次から次へと本を出すことになった。よく売れており、ベストセラーのリストに加わったのもあるそうだ。私は修辞学に興味があったので、彼の metaphor（隠喩）の本を買ったのが病みつきで、今まで出ている彼の本を全部買って読むということになった。枕頭の書として、昼寝の前にでも数ページ読むのに適している。私の娘も時に読んではゲラゲラ笑ったりしている。楽しい読み物だし、１つの話が２、３行、長くて半ページだから、昔風に言えば馬上（電車の中でも）、厠上、枕上で読むのにふさわしいと言えよう。彼の著書はこれまでも読み終えるごとに紹介させてもらっているが、今回の *ifferisms* も忙しい人がちょっとし

た空き時間に読むのに適している。

　まず ifferism という新造語であるが、これは副題にも
あるように「if で始まる aphorism」のことである。ア
フォリズムは「警句、金言、格言」などと訳されている
単語で、apothegm と同義であったが、こっちの方は今
ではほとんど使われない。ギリシャ語からの同義語とし
ては epigram、ラテン語からの同意語としては maxim,
adage などの方がよく目につく。うんと普及した
aphorism は proverb（諺）にもなっている。そもそも
aphorism の語源が「境界」だから、それは「簡潔」で
なければならない。

　そういう aphorism を蒐集しているうちに Grothe は、
非常に多くの aphorism が 'if' で始まることに気がつい
たのである。それを集めたら300ページもの本になった
ので、ifferism という造語をしたわけだという。ロマン
派の詩人 Samuel Taylor Coleridge も「われわれの知識
のうち最も大きい、かつ最も価値ある部分は aphorism
から成り立っている」と言ったとされている。その
aphorism の大きな部分が if という仮定でなされている
というのも面白い発見ではなかろうか。いくつか面白い
のを拾ってみよう。

「もし子供を育てるのにしくじったならば、あなたがど
んなことを立派になさろうと、大したことでないと思い
ますわ。」

　これはケネディ大統領夫人のジャックリーンが、大統

領夫人として1960年のテレビ・インタビューで言った言葉である。今から50年前のアメリカでは、まだ家庭の価値が女性にとって最高のものであったことがわかる。彼女自身、夫の悲劇的死後のアメリカの変化と共に変化して、問題になるような子供が出たという記憶があるが。
「君がわざわざ自分の能力以下の仕事をするつもりなら、君は一生ひどく不幸になるだろうと警告しておく。」

　これは「自己実現」をアメリカに流行させた Abraham Maslow の言葉である。これと同じ主旨の言葉は Rollo May にもある。
「どの器官でもその可能性を十分に働かせないと病気になる。たとえば、歩かなかったら足が萎えるように。」

　このように ifferisms は、人生の教訓の言葉になり易い傾向を持っている。企業家を勇気付ける本を書いて有名な Napoleon Hill は次のように克己心の重要さを教えている。
「君は自己（self）を征服しなければ、自己（self）が君を征服するだろう。」

　Emerson, Churchill, Lincoln なども ifferisms で教訓を残している。（★　2010.5）

449. 薩英戦争余話

**死傷者の数から言えば薩摩側の勝利
という指摘。**

　イギリスと日本が最初に戦争したのは文久三年（1863）
である。その前年に薩摩藩・島津久光の行列の中途を横
切り、言葉が通じなかったせいもあり殿様の乗物に近づ
いたためイギリスの民間人3人が斬られ、1人は死んだ。
これに対しイギリスは幕府と薩摩藩に巨額の賠償金を求
めた。幕府はすぐに応じたが薩摩藩は応じない。それで
イギリスは東インド・シナ方面艦隊司令長官キューパー
中将（Vice-Admiral Augustus L. Kuper）に薩摩攻撃
を命じた。Kuper は7隻の軍艦を鹿児島湾に入れ、薩
摩藩の船3隻を捕獲炎上させ、鹿児島を砲撃して町を焼
き、砲台を破壊した。
　薩摩側も応戦し、その結果、旗艦 Euryalus の艦長
Josling 大佐、副長 Wilmot 中佐はじめ死者13名、負傷者
50名を出した。薩摩側は死者3名、負傷者5名であった。
これは天保12年（1841年）、阿片戦争（the Opium War）
の時に、上海附近の砲撃戦で清国側が300人を超す戦死
者を出したのに対し、イギリス軍は負傷者2名のみで軍
艦は無傷であったのと顕著な相違を示している。死傷者

の人数から言えば薩摩側の勝利と言えると三野正洋氏は指摘している。イギリス海軍にとってこの不名誉な戦争はどう本国に報告されたであろうか。Kuper 中将がイギリス海軍省に出した報告書（これは Clowes の『英国海軍史（*The Royal Navy*)』の第 7 巻に収録）によると、さすがに詳しく書いてある。旗艦の死者の 7 名と負傷者の 6 名については、アームストロング社の元込め式の 110 パウンド砲が砲口で爆発したからと言っている。また撤退する時に Perseus（95 トン）は錨を切って逃げ、それが薩摩側に回収されている。錨を切って逃げるというのは大きな恥であるそうだが、「強風が少し収まった翌日の午後、錨綱を放すことを余儀なくされた」と言って艦長 Kingston 大佐を批判していない。

　しかしこの戦闘での功績による昇進を見ると、誰がよく働いたかわかる。派遣された 7 隻の軍艦のうち、旗艦 Euryalus の艦長は戦死、Racehorse の艦長は座礁させたから当然昇進なし。この座礁した船を直ちに離礁させることに成功した Coquette, Argus, Harock の艦長 3 人は昇進している。Pearl の艦長は僚艦が座礁している間に薩摩に対して砲撃し続けたというが、昇進には結びつかなかった。つまりこの対薩摩戦で、昇進に値する艦長は、7 人のうち 3 人だけ、しかも僚艦を座礁から助けた者だけである。

　この報告書の中では、「濃い煙と、時折の豪雨のため敵砲台に与えた損害は確かめえなかったが、町の数ヶ所

が炎上しているのを観察しえた」としている。これがイギリスの議会で Kuper 提督がきびしく非難される原因となった。「木と紙で出来ている町を砲撃して焼いた」という罪である。『英国海軍史』は、「台風のため、船が横揺れしたために、砲台を狙ったのに森や町に落ちた」と言っている。この時、議会で Kuper 提督の弁護に当たった同僚の海軍将官は熱心のあまり、'damn' という言葉を使ったので議長に注意された。その時、この将官は「海軍の人が滅多に使わない言葉を使って申し訳ありません」と謝って議場を沸かせたという。

　この戦争について Kuper 提督の伝記を書いた Sir John K. Laughton は「言うことをきかない（つまり賠償金を払おうとしない）大名の宮殿は砲撃され、偶発的事故により町の大部分が焼かれた」と言って、市街を砲撃したことを気にしているが、味方の損害には全く触れていない。この戦争についての、比較的公平な記事は、ブリタニカ百科事典11版（1911）に書いた Frank Brinkley のものである。彼はロンドン・タイムズの通信員、ジャパン・メイルの編集者だった。その後の版は公平を欠いている。（★　2010.6）

450.「助教授Bの幸福」

野上弥生子の悪意に満ちた小説。

　大正11年に改造社から出版された野上弥生子の作品集『小説六つ』の２番目に「助教授Bの幸福」という短篇小説が入っている（この小説はその前に雑誌に出たものであるが、それはまだ見ていない）。この「助教授B」というのは千葉勉助教授のことだと言われている。千葉先生は戦後は東京外語大から上智大学の教授としてこられ、私なども先生の晩年の教え子ということになる。この野上弥生子の小説のことは、千葉先生の悪口として囁かれていたので、私も読みたいと思っていた。しかし恩師の悪口を書いた小説を探し出すのに熱心になるわけもなく先生没後50年も経ってから、最近手に入った野上の作品集で読んでみた。

　これは悪意に満ちた小説であった。秘書の若い女性にも読んでもらったところ、「名誉毀損にならないのでしょうか」という感想を聞かされた。そういう面はあるが、ラフカディオ・ハーンが東大を去り、夏目漱石が東大を去った後の東大英文科の雰囲気を伝えているので興味をひいた。私が千葉先生から直接お聞きした話とくらべても日本の英学史的な興味がある。

　まず野上弥生子の夫の野上豊一郎は夏目漱石の弟子である。漱石が一高で教えていた頃からの弟子であるから関係は極めて濃かった。弥生子は豊一郎と結婚してから夫の紹介で漱石の弟子になった。つまり夫婦二人とも漱石の崇拝者なのである。その漱石の「十八世紀英文学史」のあとを、留学から帰ってきたばかりの千葉助教授が引き受けて、しかも「漱石は散文を扱ったから自分は詩をやる」と宣言した時、漱石を尊敬し慕っていた学生たちは、びっくりし、落胆し、かつ怒ったのである。弥生子は書く。

　「彼（漱石）と助教授B（千葉）とを同一の標準に置いて考えたりする事は、彼等（学生たち）には思いも寄らぬことであった…それは怖るべき冒瀆である……」

漱石とくらべられては若い千葉先生もたまったものではない。しかしこの弥生子の小説の背景には、当時の東大英文科生の間の大学人事に対する不満があったのである。

　ハーンという本物の文学者の後に、漱石という本物の文学者が東大の英文科で英文学を講じた。文学を志望して集まって来た青年たちは喜び且つ満足したことであろう。しかしその後任として東大に招かれたのはロンドン大学で古英語・中英語などを教えていた John Laurence 博士（小説の中ではS教授）であった。ロレンスはドイツ式の学位論文で D. Litt.（文学博士）をロンドン大学から取得した最初の頃の人である。論文のテーマは古英

語・中英語の頭韻の研究である（私はこの稀覯の論文を木原研三先生からいただいた）。ロレンスについて弥生子はこう言っている。

「古代英語に於ける或る代名詞の使用法の研究に数時間を費すような講義を聞く位なら、寧ろ純粋な言語学科に転ずべきであるとさえ彼等（学生たち）は思った。」

つまりロレンスの講義は文学青年向きではなかったのだ。しかしこの講義を真面目にノートを取る学生が一人いた。それは文学より英語に興味を持つ若き千葉先生だった。千葉先生は外人牧師宅に住みこんだこともあり、英会話がよくできたという。ロレンスに見込まれてロレンス（独身）の家に同居して指導を受けた。ロレンスの推薦で千葉先生は思賜の銀時計を与えられて優等卒業、大学院特選給費生、東大講師、文部省派遣英国留学生を経て帰国して東大で教えることになった。それでハーン・漱石のような英文学をやるため入学した学生たちの反発を受け、東京外語に移られることになった。東大ではその後、英文科の英文学と英語学の教授は別になったのであった。弥生子の小説の中で、千葉先生の生家が貧しかったというのは嘘である。村人のため、飢饉に備えて一年分を倉に入れておくほどの家だった。（※　2010.7）

451. 助教授B——千葉勉先生のこと

（渡部先生が）千葉先生から受けた
大きな教訓・恩恵。

　野上弥生子『助教授Bの幸福』の中で、悪意をこめて
描かれている助教授Bは千葉勉先生のことである。私は
この千葉先生の最後の弟子の一人、ある意味では最後の
頃の弟子の代表と言えるかとも思う。というのは先生の
御逝去の後に、御遺族の作られた『千葉勉の仕事と思い
出』（出版社などの記述なし。昭和39年＝1964, 249pp.）
に執筆を依頼されて寄稿している人の中で、上智大学で
の教え子としては私一人だからである。千葉先生の長女
であられる堀昌子様から、「父がもっともほめていた学
生さんだったから」という主旨で執筆を求められたので
あった。千葉先生は東大を去られた後、東京外国語学校
の教授として音声学の研究で大きな成果を挙げられた。
上智大学にこられてから——私の入学と同じ年らしい
——しばらくして音声学の研究室を作られた。そこには
東京外語以来のお弟子さんであり協同研究者でもある中
野一男氏がこられた。英文科の人間で実験音声学などに
興味を持って研究しようなどという者はいないので、千
葉先生と中野氏は別世界に入ってしまったという感じで

あった。

　しかし千葉先生は元来は英文学の教授になるべき学徒として東大から文部留学生として派遣されたのである。戦前の日本でイギリスに自費で英文学研究に行ける人などはごくごく稀で、夏目漱石以来、文部省の留学生になるのが王道であった。大正元年（1912）には市河三喜先生が、翌大正２年（1913）には千葉先生が文部留学生としてイギリスに留学された。帰国は同じく大正５年（1916）であるから、第一次世界大戦をヨーロッパで体験されたことになる。同じ頃の留学生だったためか、千葉先生はいつも市河博士については「悪口」と言えるようなことを語っておられた。野上弥生子の小説に描かれているような反千葉運動が東大で強くなったためと思われるが、帰国して３年後の大正８年（1919）には東京外語教授になられた。その後も東大で教え続けられたが、東大は別の英文学の後任を必要として、大正12年（1923）に齋藤勇氏を文部留学生としてイギリスに出した。東大の英文学は齋藤先生と決まると、千葉先生は昭和２年（1927）に東大を全く退き、東京外語の専任となられたのである。当時、東京帝国大学から、専門学校の東京外語に転出したことは、いわば世間の――少なくとも日本の英語・英文学界の――耳目を聳動させた事件であったと思われる。プライドの高い先生のエゴは傷ついたと思う。元来、千葉先生は若い頃理科に進まれることを考えたこともあったとのことであるから、機会を得

て、実験音声学の研究に打ちこまれて、母音の研究では世界的と言われる業績を挙げられたのであった。

　夏目漱石の後任として英文学を東大で講ずる予定であった千葉先生に英文学の著作が（少なくとも私の目には）一冊も見当たらないのは不思議である。上智の英文科でも英文学のゼミや英文学史など、英文学についての講義はなかった。教職単位のため、英文科以外の学生のための英文学史はあったが、私は２回しか出ておらず内容の記憶もない。しかし東京外語では島田謹二（東大教授）や安藤一郎（東京外語教授）などを喜ばせ感動させる英文学講義をなさっていたようである。

　私が千葉先生から受けた御教訓は次の３点で、いずれも私の人生にとって今日に至るまで大きな恩恵を受けている。

　⑴英語学（philology）はドイツの方がイギリスより50年進んでいる。英語学をやる者は先ずドイツ語が必要だ。

　⑵英作文の手本にするには Hamerton の『知的生活』などが最も良いだろう。クセのないよい文章だ。

　⑶結婚は留学する前にしてはいけない。留学で自分の目も他人の目も変わってくる。

　この⑶の部分は御自分の体験をまじえて話された。野上の小説では子爵家の娘との話が書いてあるが、それは市河先生のこととの混同である。（※　2010.8）

452. The constitution of England

元来は個人の「体質」を示すのであるから、「国の体質」を示すときは「国体」が本質に近い……。

普通は constitution という英語が出てくれば「憲法」と訳す。しかし「憲法」と日本語で言えば、聖徳太子の十七条憲法とか、新憲法とか、アメリカ憲法とか、何条かから成り立っている基本的法律を思い浮かべる。ところがイギリスの場合、第何条これこれといったように、はっきり書かれた constitution がない。明治憲法を作った伊藤博文も当惑したのではなかろうか。明治初年の立憲運動というのは、フランスやアメリカの影響を受けて、第何条これこれというような法律を想定していたからである。伊藤は旧幕時代にイギリスに渡り、帰国後もイギリス公使アーネスト・サトウ（Ernest M. Satow, 1862-83滞日）とも親しく、王室を戴くイギリスを手本にする気持ちが強かったと思われる。

しかし伊藤が実際に憲法制定の調査の海外旅行に出てみると、イギリスには手本となる憲法はなかった。明治初年に日本の思想界に大きな影響を与えていたフランスやアメリカは共和国であり、その憲法は皇室のある日本

にはあてはまらない。それで伊藤は一時落ち込んだらしいが、オーストリアに行って、ハプスブルグ王朝の憲法を知って愁眉をひらき、更にベルリンに行きビスマルクのすすめでグナイスト教授からプロシア憲法の逐条講義を受けて、明治の帝国憲法の構想を固めることができた。

　このことは戦前の知識人の間では広く知られていたのではあるまいか。それで戦前の代表的英和辞典である冨山房の『大英和辭典』（Comprehensive English-Japanese Dictionary、昭和 6 ）には constitution の訳語として、3 項目を立て、更にその第 3 項目を(a)から(e)まで 5 つに分けている。すなわち〔(a)国憲、国体、政体、(b)憲法、(c)法律制度、(d)規則、規定、(e)勅令、律令〕である。そして用例としていくつかあげてあるが、これが参考になる。例えば Constitution of Clarendon〔英史〕1164年クラレンドン会議にて規定されたる16箇条の法規（僧侶の権利特典を制限す）——Unwritten constitution 不文憲法——Written constitution 成文憲法……などなどである。

　大修館の『ジーニアス英和大辞典』（2001）の constitution の説明は、 1 から 4 まで項目を立て、その 1 U〔《正式》構成、組織、構造……ⓒ国体……the political ～ of Japan 日本の政治構造……3aⓒ憲法〕とある。研究社の『新英和大辞典（ 6 版）』（2002）にも似たような説明がしてあるが、「国家の基本法」とか「政体」という表現はするが「国体」という言葉は使っていない。

　このようにconstitution という英語を理解するには、現在の英和辞典でも十分である。しかし私のような戦前の人間には「国体」という訳がどうしても欲しいし、その「国体」の成文化が「憲法」という方が理解し易い。この constitution は元来は個人の「体質」を示す単語だったのであるから、それを「国の体質」を示すのに用いた時は「国体」という戦前の言い方が本質に近いのではないだろうか。

　ここで面白いのは、T. B. Macauley（1800-59）のイギリスの constitutional history についての見解である。マコーレーは議会が王権を抑制することが、イギリスの「国体」であると述べている。イギリスの議会は近代においてはヨーロッパ各国の手本となり、更に今では世界中の手本になったと考えられている。これは常識になっているのではなかろうか。

　しかしマコーレーは「逆転の発想」みたいなことを言っている。中世から西ヨーロッパでは、フランスにもスペインにも、スウェーデンにもデンマークにも、そしてイギリスにも王権を抑制する議会があったことを彼は指摘する。そうした議会は次第に無力化したり消えたりして、イギリスにだけ残ったというのである。その残ったイギリス議会の活躍とイギリスの繁栄を見て、ヨーロッパの他の国々が真似し出したことになる。この中世以来の議会を残したことがイギリスの体質つまり「国体」なのである。（★　2010.9）

453. 禁じられた英語ブーム？

×××× ×××× ××××

「禁じられた英語」というのは卑猥な単語、つまり性的
なタブー語である。その代表的な単語は f ×× k だとか、
shit（大便）だとか cock（男の一物）だとか、4 文字か
らなるので four letter words と呼ばれている。今では
こんなことは常識になっているが、半世紀以上も前にわれ
われが英文科の学生だった頃は、誰も知っていなかっ
たし——少なくとも私の知る限りでは——また、先生方
でも知っていそうな人はいなかった。おそらく猥本に近
いものを翻訳したようなごくごく少数の人だけは見たこ
とがあるだろうが、その知識を外に出す機会はまずなか
ったであろう。

　これも私の知っている限りでの話だが、このタブーを
最初に破って『禁じられた英語』（桃源社、1966,
215pp.）という新書判の本を出したのは竹村健一氏であ
る。竹村氏はテレビでは時局・政局の話で有名だったが、
京大英文科卒で、『英文毎日』の記者になり、戦後最初
の頃のアメリカ留学生として、エール大学、シラキュー
ス大学でマスコミの研究をし、大学講師や企業の部長職
を経た後にフリーライターになった人である。京都大学

の学生時代には学校にあまり行かなかったので、英文科
の教授の名前は一人も覚えていないと私に語ったことが
ある。これはフリーの人だからこそ書ける本である。内
容は充実しており、一読の価値がある。私は小著ながら
これは日本の英学史上の１つのモニュメントになるので
はないかと思う。何しろこの分野の本はなかったのだか
ら。

　その後はこの手の本はいくらでも出ている。アメリカ
でもベトナム戦争の終わり頃からは続々と出ている。中
には語源的な考察にも秀れているものもある。私もアメ
リカに１年いた間に、だいぶこの手の本を集めた。類書
の中でも学問的（？）に感心したのは *Playboy's Book
of Forbidden Words*（Chicago: Playboy Press, 1972.
softcover edition 1974, 255pp.）である。よほど学識の
ある人たちの執筆と見えて、英文学の巨匠の作品にも言
及があり、「読み得」の本と言ってもよかろう。

　しかしこうした知識は何と言っても見せびらかすには
恥ずかしい気がするという社会通念があったように思う。
しかし最近は女性でも大学の教師でも恥ずることなくそ
の方面の知識を書物にするようになった。つい２、３週
間前にも吉原真理というハワイ大学の女性教授（東大教
養学部で亀井俊介氏の教え子という）の書いた『性愛英
語の基礎知識』（新潮新書、2010, 187pp.）を読んだ。ネ
ットでの出会いからベッドの中のあれこれなど、体験を
交えて書いてある。ジェンダー解放の時代の産物という

べきか。日本には枕本を絵入りで出版している女性の大学教授もいる。

　も一つ極めつきなのは小林章夫上智大教授の『エロティックな大英帝国─紳士アシュビーの秘密の生涯』（平凡社新書、2010, 219pp.）である。これは *My Secret Life* という窮極のポルノの話である。英米の古本屋の分類に 'erotica' というものがあるが、もしここに原本が出ればチョーサーの Caxton 版にも匹敵する値が出るのではないかと言われている。G. Legman による63ページもの解説のついた2巻本でも各巻約2300ページの大冊になる。この本のいいところは、「これを読んだら、もう他のポルノは馬鹿らしくて読めなくなる」。つまりポルノやエロ本の誘惑から男を（女性はわからない）解放してくれるところにある。著者はもちろん匿名であったが、Steven Marcus の *The Other Victorians* など、ヴィクトリア朝の裏面研究が出て今は Henry Spencer Ashbee と推定されている。彼は筆名で3種の発禁本、秘匿本についての入念な書誌本を出している。私はこの3冊とも古い版で持っているが、今はペーパーバックになっているそうだ。小林氏は *My Secret Life* をネットの無削除版で読んだそうだ。そして『ファニー・ヒル』とこの本のさわりを訳して、その文体の違いを示している。英語では現在、この本は何種類かのペーパーバックになって出ている。（※　2010.10）

454. ミルトンを読まされた頃

マコーレーよりもはるかにすぐれて
いる蘇峰のミルトン論。

　戦後間もない昭和25、6 年頃（1950年頃）、日本の英
文学界ではかの大詩人 Milton の研究が流行っていたら
しい。その頃の私はまだ大学 3 年生頃だから英文学界の
事情などは知るはずがないのだが、刈田元司先生がそう
おっしゃって、ゼミでミルトンの *Paradise Lost*（失楽
園）をテキストとされたのであった。刈田先生は日本ア
メリカ文学会の会長もされた方であったが、当時の上智
大学には Healy というアメリカ人の神父がおられ、こ
の方はアメリカの大学では学長もなさったことのあるア
メリカ文学の学者だったので、アメリカ文学の講義はこ
の方がなされて、刈田先生はもっぱらイギリス文学の方
を教えておられたのである。刈田先生は学界では広い人
脈を持っておられた方なので、当時の日本の英文学界の
俊秀たちの多くが、ミルトンに関心を向けていることを
知っておられた。東大の某氏、文理大の某氏などなどの
名前をあげておられた。
　刈田先生は大学院は東大におられたこともあったそう
であるが、上智の英文学科の卒業生で戦前にアメリカに

留学され、最初の母校の教授になられた方であり、上智の英文科の水準を高めようと御熱心で、「日本の英文学会がミルトンをやっているなら、自分の学生にも *Paradise Lost* を読ませよう」ということだったのではないかと思う。そういえば大学1年に入った時の英語のテキストとして Blunden の講義録を使われた。当時ブランデンは文化使節として東大で、戦中の空白を埋める意味もあって、英文学者たちに特別講義をしたのである。その講義録が研究社から出版されると、それをいきなり高校を出てきたばかりの1年生に読ませたのである。日本の英文学会の水準を、御自分の母校の学生の水準にしようというお考えがあったらしい。今の大学の英文科の1年生はどんなものを読まされているのだろうか。

　この刈田先生のおかげで、本来なら読むはずのなかったミルトンの詩を読むことになり、レポート報告の課題として割り当てられたのはクイラ－クーチ（Quiller-Couch, 1863-1944）の「ミルトン論」だった。本は蔵書家でもあられた刈田先生のものである。Quiller-Couch はケンブリッジの初代の近代英文学教授で、当時上智の英文科長をなさっていた Roggen 教授は彼の最も嘱望された弟子ということだった。こっちの学力が足りなかったせいか、Quiller-Couch 大先生の論文のどこがいいのかピンとこなかった。

　時間だけはたっぷりあった時代なので、日本人がミルトンについて書いているもの——当時はまだ数が少なか

った――も漁って読んだ。そして驚いたことに、断然と言おうかダントツと言おうか、最もすぐれていると思われたのは徳富蘇峰の本であった。彼の『杜甫と彌耳敦（ミルトン）』（民友社、大正6年、6＋60＋780＋34pp.）は堂々たる革表紙・天金の美本で、私の本は特製300部の内、第壹壹壹号として「蘇峰学人」の印が押してある。鶴岡市の阿部久書店で買ったものだが、誰が前の所有者だったのだろうか。

　先ず蘇峰はミルトンの奉じたピューリタニズムの本質から説く。「ピューリタンは新約聖書よりも旧約聖書を重んじた」という点を明らかにする。それだけでも『失楽園』のテーマに光が差す。それまでそんなことを教えてくれる人にも本にも出会ったことがなかった。蘇峰はマコーレー（J. B. Macaulay, 1800-59）の影響を受けているというが、このミルトン論はマコーレーのミルトン論よりはるかにすぐれている。蘇峰は敗戦後、貴族院議員、帝国学士院会員、文化勲章などみな辞退・返還し、自らに「百敗院泡沫頑蘇居士」と戒名をつけ、ミルトンの最後の作『サムソン・アゴーニステス』などを愛誦して暮らした。妻を失い、子どもを失い、友人を失い、国も敗れた孤高の老人は、95歳までミルトンを読んで自らを慰めていたのである。驚くべき学力ではあるまいか。ミルトンの不遇な晩年に共感したのである。

（★　2010.11）

455〜456. グレイト・ブックスのアメリカ

大戦後の富裕にして強大なる空前の繁栄の中で、アメリカの自信を教育界に反映させた運動。

　最近たまたま夜中のテレビをつけてみたら、ハーバード大学で、「正義」について、先生が大講堂に満ちている学生を前にし、論じかつ質問を受けている光景が放映されていた。「ああ、これが最近評判の"正義"についての講義なのか」と思ってしばらく見ていた。そして驚いたことには、この先生の口からイマヌエル・カントの名前など、大正から昭和前半の頃の学徒になつかしい名前が出てきたのである。旧制高校の学生などは必ず口にしたものらしいが、その伝統の最後のあたりが私の年齢の者たちなのではないかと漠然と思っていた。それがアメリカの大学生の聴衆を前にして論じられる名前に復活しているとは。

　英文科にいる者にはカントは関係ないようなものであったが、私の世代の学生は、専攻に関係なくカントなどを知らなければ教養に欠けるところがあるような気がしたものである。私の場合、『純粋理性批判』はボッシュ先生の講義で解ったことにし、『判断力批判』は長い間、

少しずつの時間をかけ続けて読了した。アランがフランス人なのに「最もすぐれた藝術論である」というようなことを書いてあるのを読んで挑戦したのであったが、読み終わってみると頭の中に何も残っていなかった。「インド人はビールの栓を抜くと泡の吹き出すのを見て、どうして瓶の中にそれを詰めることができたかに興味を持つ」というようなことしか記憶していない。カントで有益だったのは短い論文集や座談をもとにしたものだった。それなのに今のアメリカの大学生たちが、カントの『実践理性批判』のような著述内容を、公開討論で問題にしていることに目を見張らされたのである。

　それで思い合わされたのは、アメリカの "the Great Books of the Western World" 運動のことである。これはシカゴ大学の学長の R. M. Hutchins と哲学者の M. J. Adler が中心になって行った国民教育運動である。ケネディ大統領が暗殺される10年以上も前、つまり欧州や日本のような先進国は大戦争の被害から十分復興しておらず、発展途上国は中国も含めて極めて低い生活水準にあった頃、アメリカ本土は大戦の被害からまぬがれたどころか、それを契機にダントツの富裕にして強大なる国であった。当時のアメリカを知っている人、その頃に留学できた人は、口を揃えて「天国のようだった」と言う。しかもアメリカ人は、自分たちが正義の代表で世界平和を実現したという道徳上の自負心もあった。まことに人類史上空前にして、今のところ絶後の繁栄ぶりで、国内

の治安もよかった。

　そのアメリカの自信を教育界に反映させたのがグレイ
ト・ブックス運動であった。ハッチンスやアドラーは、
西欧世界（the Western World）の偉大なる本（Great
Books）の知的結晶が作り上げた社会がアメリカである
と信じ、こうしたグレイト・ブックスを広くアメリカ人
に読ませようと考えたのである。そしてシカゴ大学の威
信をかけて、編集し、54巻の本をブリタニカ社を通じて
売り出した。ちなみにハッチンスは『ブリタニカ百科事
典』の編集委員長でもあった。

　この54巻の第1巻は序論、第2、第3巻はSyntopicon
と称する索引的辞典であり、これこそ空前絶後の大企画
であった。というのは第4巻から第52巻までは西欧の古
典が網羅されている。たとえば「正義＝justice」につ
いて引くと、まずそのjusticeという概念の西欧におけ
る歴史が2段組約6ページあり、それに2段組約20ペー
ジにわたって記された、「強者や君主の利益としての正
義」という項目では、プラトンなどどの本の何ページと
何ページを見よ（ページ数はこのシカゴ大学版による）
とか、パスカルなら、ヘーゲルなら、という具合にただ
ちに原文（英訳）にたどりつくことができるのである。
つまり「正義」についてのいろんな話題につき西欧の
Great Booksはどう言っているか原典について参照でき
るのだ。

（※　2010.12）

(2)

　ある国が繁栄しかつその自信に溢れた時に出す特別の書物があると思う。清では康熙・乾隆の時代の『四庫全書』とか、ヴィクトリア朝のイギリスであれば *DNB*（*The Dictionary of National Biography*）とか *OED*（*The Oxford English Dictionary*）とかである。明治の日本であれば『古事類苑』とか『日本百科大辞典』などであろう。アメリカで言えば戦前ならウエブスターの第2版、戦後であれば *Great Books of the Western World* を挙げてよいと思う。その時代にしか見られないような一種独特の輝き、あるいは迫力があるのである。もちろんその増訂版もあるが、それはその延長である。

　今から四十数年前、大修館の「英語学大系」の執筆を中断して一年間アメリカに客員教授として行ったことがあった。その時ミシガン州の田舎の大学で教えている若い日本人女性を紹介され、彼女の家を訪問したことがる。若い先生の通例として個人の蔵書というほどのものは持っていなかったが、一番目立つ所に、*Great Books* のセットが鎮座ましましていた。蔵書（private library）はともかくとして、大学で教えるくらいの人なら、特に文系の場合、*Great Books* を持たないといけないぐらいの雰囲気だったようである。私は日本にいる時に *Great Books* を巧みなセールスマンにすすめられて買ったが、その2巻をなす Syntopicon（1082pp.）を見た時、「参

った」という感じを持ったことを覚えている。「こんな
金のかかることは、アメリカでしかできないだろうな」
と思った。それは『ブリタニカ』の第11版の索引を見て
——実に947ページ——感服した時と同じ気持ちだった。
　ケネディ暗殺やベトナム戦争以前の、あの輝くような
アメリカの一時代を特徴づける54冊の美本セットは、今
では老人の住んでいる家の応接室の使えない置き物にな
ってしまっているという。このセットには74人の著者に
よる443点の作品が収められている。いずれも西ヨーロ
ッパの精神の形成に大きな貢献を成したものばかりであ
る。ギリシャ以来の哲学書はもちろん、シェイクスピア
やトルストイのような文学作品のみならず、古くはトレ
ミィ、コペルニクス、ケプラーのような天体理論に関す
るもの、新しくはニュートン、ラボワジール、ファラデ
ィ、それにもちろんダーウィンも入っている。この
Great Books が流行したころは、各地にそのための読書
クラブができ、Mickey Spillane のミステリー小説を捨
てて、Spinoza（1632-77）や Augustine（354-430）の
哲学が市民の話題になったというからすごい。
　その出発点は、大学の講義題目が増えて、百貨店の分
厚い商品カタログみたいになったことに対して、もっと
core（核）になるものが必要だという考えが生じたこと
である。事実はいくら教えられても問題を解く力にはな
らない、という認識があった。そして *Great Books* 運動
の中心であった R. Hutchins（シカゴ大学総長）や哲学

者の Mortimer Adler には、アメリカを偉大にしたのは、西欧世界の知的遺産を継承したことであり、そのために大戦を戦って勝ったのだという確信があったようである。

　ではその運動が忘れられかけているのは何故か。その主要原因はベトナム戦争がうまくゆかなくなったため、いわゆる社会の主流派（establishment）の価値観が批判の対象になり、猛烈な反体制運動——アメリカでは黒人の権利運動とフェミニズム運動——が吹き荒れ、アメリカ社会を変えてしまったからである。西欧（the Western World）の *Great Books* の著者はすべて白人であり、すべて男性である。*Great Books* は人種差別主義者（racist）や女性差別主義者（sexist）とイメージが重ねられる傾向が生じたのである。しかし近ごろ「正義」についての公開討論が大学で人気があるところを見ると、*Great Books* は racism や sexism を超えた恒久的な価値があるのではないかとも思われる。

　　　　　　　　　　　　　　　　　　　（※　2011.1）

457. 英文法と知力

文法を理解する知力と、数学を理解する知力は同じ。

〔最近〕も欧米の大学事情にくわしい人の話として、日本人の留学生の話を聞いた。欧米の一流大学、特に大学院で学んでいる日本人学生が極端に少ないというのである。欧米の一流大学で学んで、そこで信頼できる友人を作ることは、日本にとっても重要なことである。「たとえば将来、日本の政治家や官僚が、外国の政治家や官僚と電話で話せる関係になければ困ったことになる」とその人は語った。学校時代の交友関係が、将来の人間関係に役立つからこそ、日本でもいい大学に入りたがる。それは国際関係でも同じことである。イギリスならOxbridge、アメリカならIvy Leagueの大学やGeorgetownを出た人は、政界や経済界でも重要なポストにつく人の出る率が高い。そういう大学に同窓生を持つ日本人がいることは日本のためになる。明治時代には金子堅太郎とルーズヴェルトが同窓生であったことを伊藤博文は忘れないで活用した。近くは白洲次郎がケンブリッジで学んでいたことが、占領下における吉田内閣をいかに助けたかが話題になっている。

　日本の青年たちに留学志向が激減していることは、最近のジャーナリズムでもしばしば話題になっているようだ。その理由はいろいろあると思うが、一つは日本が先進国に追いつき、平均的な人の生活水準は欧米諸国のそれよりむしろ、快適になってきていることであろう。そういう物質的、あるいは形而下的な問題とは別に、「学力」ということがあるのではないかと私は思う。

　たとえば大学紛争直前の国際テストでは、日本の児童の数学の成績は世界一だった。今はどうなっているか。理科系の大学院生が、欧米の一流大学では受け入れてもらえない例が珍しくなくなったという話をよく聞く。理科系のことはわかり易い。日本の若者たちの知力が明らかに落ちているのである。

　この憂うべき現象と深く関係しているのが、学校教育の英語教育における「英文法」の軽視だと私は断定したい。入試のプロである予備校の先生は、10年前と今では英語のレベルがまるで違うという。以前なら私立の二流ぐらいに入る英語力で東大に入れるという。英語だけについて言えばの話であるが。私は自分の体験から、内容の充実した英文を、丁寧に文法に従って読む訓練は、めざましく知能を開発することを知っている。それは理科における数学の如きものである。文法を理解する知力と、数学を理解する知力は同じであるとヴァイスゲルバー教授（Leo Weisgerber）は言っていた。私のクラスは常に文法を重視した。そのせいかイギリスの大学で一年で

88

M. A. を取った者、またアメリカで Ph. D. を取った者が何人もいる。英語圏の大学で、英語学で degree を取るのには、いわゆる paper を書かなければならない。文法がしっかりしていない paper は、絶対に、絶対に、英米の大学では通用しないのだ。数日前にアメリカの大学に留学している男から来た手紙を引用させていただく。

　「……同級生がネイティブ・ノンネイティブ含めて数十名いるので、そのたびに自分の受けてきた教育の効能をありがたく感じます。ネイティブのように話すノンネイティブの書く英語は、文法のミスの目立つ拙い英文であることが多いのです…」

　というわけで彼の書いた paper は高い評価をえて、満点だった上に、outstanding（抜群！）というコメントをもらったとのことである。これは〔最近〕の例であるが、これと似たような例は、私のゼミの出身者で留学した人たちに共通しているのだ。「できる生徒」に対して英文法を教えることの価値に対して、教師が自信をゆるがせてはならない。買物するだけの英会話とは別に、将来、学問や外交に進む人は、正確な、つまり学校文法に従った英語を読み書きできなければならないのだ。英語教師は文法教育の知的価値を忘れてはならない。

（※　2011.2）

458〜459. Dr. Johnson の話

母が亡くなった時も葬式費用に困ったほどだが、年金は彼に「無理な著述をしなくてもよい」自由を与えた。

　昔私の学生だった人たちがジョンソン（Dr. Samuel Johnson, 1709-84）についての論文集を贈ってくださった。私は偶然マコーレー（T.B. Macaulay, 1800-59）のジョンソンに関する書評を読んでいた。それは J.W. Croker という人の編纂した 5 巻本で、ボズウェルの『ジョンソン伝（*The Life of Samuel Johnson, LL.D. … London, 1791*）』に対するものである。書評と言っても 41 ページもある堂々たるジョンソン論になっている。Croker の肩書には *LL.D.*，F.R.S.（Fellow of the Royal Society）とあるから、当時は尊敬された学者に違いない。しかしマコーレーの批判はまことに痛烈で、「面皮を剥いで完膚なし」といった調子である。時にマコーレーは30歳で、青年の血気が見える作品だ。

　マコーレーが「ジョンソン論」を別に書いたのは彼が56歳の時、つまりなくなる 3 年前のことである。その論文の長さは33ページで、十分に論じている感じだ。若い時のものは書評から出発したジョンソン論であり、その

26年後のションソン論は、はじめから自分だけの見方に
よるジョンソン論であるから、筆致に違いが出るのは当
然と思える。私がマコーレーのジョンソンについての論
文を読んだのは最近のことだから、30年前にエディンバ
ラにいた時、Croker の 5 冊本も買ってしまったのだが、
何故あんなに安かったのかも今頃になってよく解った。
その後は Hill の版を入手してボツボツ読んでいるが、
いつ読み終わるかわからない。

　ところでマコーレーの 2 つのジョンソン論を読みくら
べて、はっきり感じられたことは、若い時のマコーレー
より26年後のマコーレーの方がずっと温かくジョンソン
を見るようになってきているということである。超天才
とも言われたマコーレーの鋭い筆も、人生の歳月を経る
に従って、ジョンソンという人物をずっとよく理解する
ようになったために、親切になってきたらしい。年を取
ると自分が変わってゆくことを否応なく体験させられる。
それで他人が変わってゆくことにも注目するようになる。

　ジョンソンがかの『英語辞典』の編集のため悪戦苦闘
していた時、彼の夢はそれが完成した時の名声と収入に
よって、20歳も年上の妻を喜ばせることであったとマコ
ーレーは指摘する。しかし彼女はその完成を見ないで死
ぬ。ジョンソンの悲しみは深い。しかも編集料は使って
しまっているので金は入らない。辞書が完成した翌年、
ジョンソンは二度も借金未払いで逮捕され sponging
house（借金を払わない人のための拘置所）に送りこま

れ、二度とも友人の Richardson に助け出してもらって
いる。

　そうしたジョンソンの生活に本当の変化があったのは
1762年だったとマコーレーは指摘する。この年からジョ
ンソンは年額300ポンドの年金（pension）をもらうこと
になったのだ。ジョンソンは Tory（保守党、この場合
Stuart 王朝支持派）であったから、名誉革命（1688-89）
後の Hanover 王朝の政府に対しては批判者であった。
だから『英語辞典』では excise（物品税金）についても
ひどいことを書いて裁判問題になったし（本書432-33参
照）、pension（年金）については、「何の功績もない男
に与えられる給金で、英国においてはだいたい叛逆を犯
させるために国が雇っている男がもらうものだ」という
主旨の定義を下しているのである。昔風に言えば「何の
顔（かんばせ）あって」ジョンソンは年金をもらうことができるの
か。これもジョンソンの年齢のせいだと思う。

　ジョンソンにとって幸せだったのは George Ⅲ が王に
なって、宮廷のメンバーが変わったことである。財務長
官になった Bute 伯爵は彼自身が Tory であり、また文
学者のパトロンになりたいと思っていた人であった。そ
れでジョンソンは変わるのだ。書く物の文体も生活のし
方も。（※　2011.3）

(2)

　作家の経済的余裕が作品の性質を変えるということを

上手に作品にしたのがG.R. Gissing（1857-1903）の随想録的作品『ヘンリー・ライクロフトの私記（*The Private Papers of Henry Ryecroft*, 1903)』である。この本は戦前からよく読まれ、翻訳もあるし市河三喜博士の注もあり、学校でもよくテキストとして用いられたから読んだ人も多いと思う。これは波乱の多い、貧窮に悩まされ続けてきた作家のライクロフトが、晩年たまたま年間300ポンドの収入のある財産を贈られて幸福な日々を過ごしている時の随想録ということになっている。これはギッシングが、ライクロフトという架空の人物に托して「あらまほしき」生活を送る老作家の感慨や追憶を書き綴ったものである。貧窮の中で書き続け、奮闘してきた作家が、知命の年頃になって、年間300ポンドという安定した収入があるようになったらどうなるものかを示してまことに興味深い。

　というのはDr. Johnsonが年300ポンドの年金をもらうようになったのも53歳の時だからである。ギッシングが『ライクロフトの私記』を構想した時、同じくらいの年齢で年金を与えられたジョンソンのことからヒントを得たのではないかと推定してよいと思われる。ジョンソン論の中で、「年金によるジョンソンの変化」ということを見事に指摘したのはマコーレー（T.B. Macaulay, 1800-59）であり、ギッシングの世代のイギリスの文筆家がマコーレーの作家論を読んでいなかったと考えることは難しいからである。

では、年金によってジョンソンにどんな変化が生じた
のか。年間300ポンドという金額はどのようなものであ
ろうか。ジョンソンより約120年後に生まれたP.G.
Hamerton（『知的生活』の著者）は「紳士の体面を保っ
て生活するには年600ポンドが必要」と言っている。エ
プロンをかけた女中、礼装をした執事、専門の料理人な
どがいて、妻も子もいるという紳士の場合である。ジョ
ンソンの場合は、ポンドの価値はハマトンの頃より高か
ったはずだし、ジョンソンは紳士の体裁を整えることの
ない生活だった。つまりジョンソンにとっての年間300
ポンドという固定収入は相当の経済的余裕をもたらした
と考えてよい。

　ジョンソンは母が亡くなった時も葬式費用がないため
Rasselas（アビシニアの王子をテーマにした教訓的物
語）を一週間で書かねばならなかったほどだが、今や年
金のおかげで、そんな切羽詰まった著作はしなくてもよ
くなった。ジョンソンは元来は、懶惰の傾向があった。
少なくとも懶惰な生活を憧れる人間であった。彼の出し
た雑誌が *The Rambler*（『漫歩者』）とか *The Idler*
（『なまけ者』）という誌名になっていることからも知ら
れよう。

　年金は彼に「無理な著述をしなくてもよい」という自
由を与えた。今までは食う為に生来の懶惰の傾向を押さ
えつつ頑張って書かなければならなかった。だから彼の
文体はラテン語系の単語の多い硬質なものであった。英

語史ではその文体にわざわざ Johnsonese という名称まで与えているくらいだ。そのジョンソンは今やパブ（Turk's Head）に集ってくる当代の学者、文人、画家、俳優の親分格になって「語る」のである。つまり the Club（のち Literary Club）を作ってロンドン、つまりイギリスの知識人・文化人に君臨することになる。ここからボズウェル（J. Boswell）の古今無双の伝記 *The Life of Sammuel Johnson, LL. D.*（1791）も生まれることになった。年金受領者になったこともあり富豪 Thrale 夫妻との幸せな関係も生ずる。名声はますます高くなり、シェイクスピア全集も引き受けるが、懶惰の性質が出て完成が遅れて社会的に批判も受けることになる。結局書き上げた「評論」は批評史の金字塔となり、また英国詩人選集につけた序文も英文学史上に輝く傑作であった。語るが如く楽々と書いたからである。年金のおかげである。

（※　2011.4）

460. N-word
マーク・トウェインとタブー語

　今から〔60年〕も昔の話である。新しい体格のよい若い神父さんが英語の先生としてアメリカからやってきた。シカゴ（Chicago）を「チカゴ」と発音したり、OKというのを「オキィドキィ（okey-dokey）」という先生だった。何かの話から脱線してクー・クラックス・クラン（Ku Klux Klan）の説明を手振りを加えて説明されたこともある。本物のアメリカ人という感じの人だった。何しろ終戦からそれほど経っておらず、われわれのアメリカについての知識もすこぶる乏しかったから、okey-dokey も KKK も新知識だった。

　この先生が脱線的に、「黒人を nigger と言ってはいけない」と言われた。「どう言えばいいんですか」という学生の質問に「negro と言えばよい」と答えて下さったが、その後のアメリカではこれもダメになり、black が用いられるようになったが、〔この頃〕では一番無難な言い方は、African-American であるらしい。

　ここに来て〔最近〕のアメリカの出版界では nigger が大きな話題になっているらしい。それは NewSouth Book という出版社が、Mark Twain の古典的名作 *Huckleberry Finn*（＝ Huck）を出版する時に、nigger

96

という単語を削り、そこに slave（奴隷）という単語を代わりに用いることにしたからである。その書き換え個所は219あるとのことだ。この改良（？）版には Alan Gribben（Auburn University）が関わっているという。

　もちろんこういう edition には反対論も出る。学校で使うに当たって、学校図書にうるさい人たちに受け容れ易くして「売らんかな」という意図がすけて見えてくるからである。*Boston Globe* 紙に寄せた Alex Beam の批判などは典型的なものの１つだろう。

　Beam はシェイクスピアやギボンの著作から、「イギリスの学校生徒のデリケートな感受性（delicate sensibilities）に安全なように」と、不適切な言葉を削除したり、変更したりした Thomas Bowdler（1754-1825）の例をあげている。バウドラーのシェイクスピア版（*The Family Shakespeare,* 10 vols., 1818）では、Ophelia は自殺したのではなく、事故で溺れ死んだことになっているし、マクベス夫人が "Out, damned spot!" と言ったところは "Out, crimson spot!" になっている。自殺だとか damn などという単語は当時の道徳基準から子供に読ませてはならないものだったのである。このため彼の名前から bowdlerize（著作物の不当な、または下品な部分を削除する）という動詞まで生まれた。

　バウドラー版シェイクスピアにはもちろん反対・批判もあったが、権威ある *The Edinburgh Review* 誌は Lord Jeffrey の弁護論を掲げている。そんなせいもあり、バ

ウドラー・シェイクスピアは当時のベストセラーだった
のである。版権が切れた1860年になると、別の出版社も
これを出すということがあった。文学者の価値判断と一
般家庭の価値判断は違うのである。Beam は不適切な言
葉を削るならバイブルの 'Song of Solomon' などはどう
してくれるかと言うのだが、バイブルはどうなるのだろ
う。

　もちろん、かつてのイギリスでバウドラー版を支持す
る人が多いように、「高校生のアメリカ人に、nigger と
いうような差別語の出てくる本を読ませるのはよくな
い」という意見もある。小説家でもあり、自分自身母親
でもある Lorrie Moore は、差別語——nigger は 'N-word'
と言われている——の出てくる作品を子供に学校で読ま
せるべきではないという。作家として nigger を slave
に置き換えるのには反対する。というのは slave という
単語も *Huck* には出てくるからである。彼女の意見では
Huck のようなかっての差別時代の語の出てくる古典は
college に入ってから、否、大学院に入ってから読ませ
るべきだという主張だ。（※　2011.5）

461. 日本英語学の先達たち──その1

田中秀央と市河三喜

その頃の立派な外人教師たち

　日本に英語学研究が始まった頃、つまり東京帝国大学でラフカディオ・ハーンや夏目漱石が教えていた時代の直後の頃の大先達の生き方や勉強の仕方は今とはだいぶ違っていて面白い。その頃の話を断片的ながら私は千葉勉先生からお聞きする機会があった（千葉先生については本書450〜451参照）。最近たまたま日本における西洋古典学の鼻祖とされる田中秀央の伝記『近代西洋学の黎明』（菅原、飯塚、西山編、京大学術出版会、2005. x＋373pp.）を読んでいたら、市河三喜や土居光知や千葉勉といった英語英文学界の偉い人たちのことが至近距離から描かれているので驚くと同時に、考えさせられることが多かった。田中、市河両博士は言語学科の学生であり、二人ともケーベル（R. von Koeber）とロレンス（J. Lawrence）の両先生についている。

　ケーベル先生については漱石はじめいろいろな著名な学者が回顧記事を書いているので広く知られている外国人教師である。井上哲次郎の招きで来日し、東大で哲学

を教えると共に、音楽学校（藝大の前身）でピアノも教えたという。当時のヨーロッパの最高の教養を身につけた人であった。この人は西洋哲学の勉強にはギリシャ語、中世哲学にはラテン語が必要であることを説いてやまなかったが、ギリシャ語をちゃんとやることを志す学生はまだいなかった。そこに西洋古典学をやりたいという田中秀央という学生が現われた。田中は素封家の出身であったが、その頃は家業を継いだ者の失敗で家からの仕送りを受けることはできなくなっていた。それで中学校の英語教師をして、大学院で西洋古典を勉強するつもりであった。

　ケーベル先生に西洋古典学志望を伝えたら、田中はその翌々日に先生の自宅に呼ばれて夕食のご馳走になった。その時、実家の経済事情の話もして、中学で一週10時間ぐらい働いて一月20円ぐらいの収入を得れば、大学院で勉強を続けることができるというような話をした。するとケーベルは「それは時間がもったいない、これを持ってゆけ」と言って帰りしなに封筒を渡してくれた。そこには30円入っていた。その後田中はしばらくの間、ケーベルから月30円をもらって勉強し、中学の教壇には立たなかった。

　この頃の立派な外人教師には、学問のために日本の青年を育てるという気があったのである。お金にまつわる話ほど人の生き方や品性を示すものはない。田中はその後、市河三喜からも恩恵を受けることになる。その頃東

大にはロレンスが来て本物の英語学・言語学を教えていた。日本で外国語の言語学的研究の研究所を初めて作ったのはロレンスである。このロレンスの下で古典語や英語学の授業を受けた市河は、ダントツの秀才で恩賜の銀時計をいただいて卒業した。

ところがこの年、つまり明治43（1910）年に大学の特選給費生の第二回公募があった。言語学科からは田中と市河が応募することになった。その時ロレンスは市河を呼んでこう言ったのである。「この特選給費生第一回には言語学関係では英文の千葉勉とシナ語の後藤朝太郎が選ばれている。今回も英語関係から出すのは選考委員会で不利になる。西洋古典をやる田中にゆずってくれないか」と。ロレンスは市河より田中が窮乏していることを知っていたのである。

ある合同講義が終った後、市河は田中に「生活が苦しいのか」と聞いた。田中はケーベル先生にお金を毎月もらっていることなどをのべ、ロレンス先生の言う通りにしていただけたらありがたいと答えたという。銀時計組の市河が応募すれば市河が特選給費生になるはずだった。しかし市河は辞退し、田中が給費生になった。この市河博士の美談を私ははじめて知った。市河博士の実家は、儒学と書道の名門であるがその頃は長兄が家を継いでいるので、家から出なければならない状況にあった。家計は田中ほど苦しくはなかったが、給費は有難かったに違いなかったろうに。　（※　2011.6）

462. 日本英語学の先達たち―その2
市河三喜と細江逸記

市河博士の目から見て、Sweet, Curme, Stoffel, Jespersen と並べられるのは細江博士……。

　市河三喜博士が東大を退官されたのは私がまだ大学院の学生の頃だったと思う。御退官の際に蔵書2千冊を大学に寄贈されたと報じられていた記憶がある。原書などは安本で2、3冊しか持っていなかった私は、世の中にはとんでもない偉い学者がいるものだと感嘆したものだった。敗戦後の田舎の高校で市河博士は「日本英学界の王様」として知られていた。当時旺文社が *Youth Companion* という学生向きの英語雑誌を出していたが、その新年号の巻頭に市河博士の「英語を学ぼうとする学生たちへの言葉」という主旨の文章があった。私はそれを英訳して英語担当の佐藤順太先生のところに持っていって、英語を直して下さるようにお願いした。その時の感じで佐藤先生は迷惑そうであった。下手な英語を直すのは手間のかかる嫌な仕事であることは、自分が英語教師になってしみじみ実感して、あの時は老先生に御迷惑

をおかけしたと後悔した。つまり私は市河先生を偶像的に尊敬し、その文章を英訳したくなったのだった。

　そのようなわけで市河先生の御著書は全部集めようと思った。そして古本で買った『英語学―研究と文献』（三省堂、昭和13年、３版、xii＋215pp.＋32pp.）からは甚大な刺激と恩恵を与えられた。これは英語学に関する文献の紹介であるが、その序文にこう書いてある。

　　「講壇で講義をするやうでなく、書斎に案内してこの本あの本と引張り出して説明するやうに寛ろいだ気持で書いて見た。……この書を読んでそこに紹介された碩学先輩の業績の一端に接し、更に多くを原著について求めようとする心が起らない読者は、もっと興味ある学問なり仕事なりを他の方面に見出すべきであらう。」

　この本はそれまで私の知らなかった英語学の世界を示してくれたものだった。そしてそこに紹介されている学者たちの著作の存在を知るだけでなく、「更に多くを原著について求めようとする心が」勃然として起こったのである。

　ここに紹介されている業績の多くがドイツ語であることが印象的であった。これは千葉勉先生――市河博士のライバルで東大助教授から東京外語に追われたという噂があった人――も、口ぐせのように「イギリスの英語学はドイツより50年ぐらい遅れている」とおっしゃっておられたが、それとも符合する。事実、市河博士編集の

『英語学辞典』（研究社、昭和15年、xv＋1165pp.）は今日も価値を失わぬ英語学の知識の宝庫であるが、そこに項目として採用されているドイツ人学者の何と多いことよ。

　市河博士の『英語学―研究と文献』の目次に並んでいる学者の名前はすべて外国人であるが、たった一人例外として細江逸記博士が日本人学者として登場している。これは市河博士の目から見て、当時の日本の英語学者でSweet, Curme, Stoffel, Jespersen というような名前と並べてもおかしくないのは細江博士だけだということだったのであろう。これは市河博士の学者に対する評価が極めて公正だったと考えてよいのではなかろうか。私事ながら英文法病から治療していただいたのは細江博士の『英文法汎論』の力であったと思っているからである。細江博士は大学出でない。東京外語（当時は専門学校）を出られ石川県の中学教師から経歴を始められている。東京帝大で恩賜の銀時計を授与され、学生時代からケーベルとローレンスという日本に２人しかいなかった本物の西洋人文献学者に親しく教えを受け、卒業後間もなく文部留学生として３年間英国留学し、帰国後直ちに東京帝大助教授、更に４年後に教授になられた市河博士にくらべると、細江博士は平たく言えば「どさ廻り」が長かった。その人の業績を官学のトップにあった市河博士がある意味で自分以上の学者として認められていたことにその高い人格を見る思いがする。（※　2011.7）

463. 日本英語学の先達たち―その3
市河三喜と家学の伝統

**名門の子にはしばしば noble な気象の
人が出ることも確かである。**

　市河博士が『英語学―研究と文献』を出版されたのは
昭和11年の秋である。その年の2月にはいわゆる2.26事
件があったのだがその影はこの本には見えない。また大
著『英語学辞典』が出たのは日本開戦の前の年だが、英
語研究が盛んであったことはこんな大きな書物が出され
ていることでも知られる。事実、私が中学に入った昭和
18年（1943）、つまりシンガポールが昭南島になり、ビ
ルマ（ミャンマー）をイギリスから、フィリピンをアメ
リカから独立させることになった時でも、中学の教科書
は戦前のものと同じで、英語は神田乃武の *King's
Crown Readers* であった。これは「戦前の日本は軍国
主義でずっと暗かった」という戦後神話が嘘であったこ
とを示している。日本は石油の輸入をとめられるまでア
メリカやイギリスと戦争するつもりはなかった。戦争中
に敵国の王様の王冠のついた英語教科書を使っていたの
は、戦争に急に入ることになったので、文部省も教科書

を変えさせる時間がなかったからである。

　市河博士は日英同盟時代のよき時代によき教師について勉強されたのである。また家系も有名な漢学者の市河寛斎を曽祖父とし、書家として、また筆などの蒐集とそれに関する著書でも有名な漢学者市河米庵を祖父とし、父も長兄も家学の継承者であった。名門の子が必ずしもそうとは限らないが、名門の子にはしばしば noble な気象の人が出ることも確かである。市河博士が東京帝大の特別給費生という名誉と経済的恩恵を、自分より苦しい経済状況にあった同級生の田中秀央に譲ったのはその一例であろう。細江逸記の学問を認めたのも他人の業績を公平に見るという精神であると思われる。日本の英学界の王者のように仰がれたのも当然であった。

　市河博士は書物の蒐集にも熱心で、東大の英語英文学に関する蔵書は大学図書館としては終戦の頃「世界第一」と言っても過言でないくらい完全なものにしたと言っておられる（『小山林堂随筆』研究社、昭和24年、p.267）。この随筆集の中で市河博士は祖父米庵のことを語っておられるが、米庵の書物には私も多少恩恵を受けている。書道を少しでも学んだ人なら、彼が編集した『墨場必携』のお世話にならない人はないだろう。また愛蔵の筆二百本以上を選んだ二巻の筆譜『米菴〔庵〕先生藏筆譜』（天保５年）を珍重するのは書家の常である。この筆がすべて舶来品というのも米庵の蒐集熱を示すものであろう。この外にも米庵は書画・金石をも集め『小

山林堂〔米庵〕書画文房図録』10巻を物しているが、彼はこれが死後散逸することを心配して幕府の昌平黌に寄贈した。それは現存している。蒐集と寄付、これは市河博士に受け継がれた家の伝統であった。

　蒐集癖というものは子どもの時はしばしば昆虫や植物採集に現われるものらしい。市河博士は子どもの頃は昆虫採集や飼育をやられたし、晩年は500坪の庭に100種の樹木、200種の草や花があった。シェイクスピアに出てくる草花なども集められたという。少年時代の蒐集癖はしばしば昆虫採集という形で出てくることを、私は偶然、中野三敏氏の自叙伝『本道楽』（講談社、2003, 278pp.）で知った。

　その市河博士の蒐集ぶりだが、イギリス留学中のことは田中秀央への手紙に詳しく書いてある。たとえば1913（大正2年）6月16日の手紙には次のようにある。

　「……ロンドンの下宿…の生活をして、出来る丈多くを古書の購求に費す積である。今迄の所でも一月20磅（ポンド）位は本の方に飛んでいるやうに思ふ、日に十数冊宛の平均で増えるのだから、一々書ひて行く暇もなし…New Engl. Dict.〔N.E.D〕も買った、もう二箱日本に送った、近々又三箱ばかり送る、帰朝の日には一寸したライブラリーが出来る、それ許（ばかり）が楽しみなり、外の留学生は喰う事、着る事のみ考へ、本に金を投じやうなど殊勝な考を有せるもの少し……」（〔　〕は渡部）（★　2011.8）

464. 日本英語学の先達たち—その4
市河三喜と蒐書

最愛の子供を人手に頼む心を以て自分の本を委ねる。

　市河三喜博士は留学先からどんどん本を日本に送った。その事を知った恩師の藤岡勝二教授から、「その本を東大の言語学研究室に預けるように」との提案があった。これが市河先生を悩ませた。そのことを友人の田中秀央に手紙で書いている（1914年3月29日付）。

　　「言語学の為、又学府として殆ど御話にならぬ程恥しくも又憐れなる東京大学のライブラリーを補う為、自ら進んで藤岡先生の乞を、提議を容れて、まだ見ぬ自分の本を提供して学生の disposal に置くことにする、願はくは此心を諒として特別の注意を以て取扱はれんことを望む……僕は最愛の子供を人手に頼む心を以て自分の本を兄等の責任と使用とに委ねる……飯田町［市河先生の兄の住宅］より大学までの運賃は無論言語学［教室］の方で出して貰ひたまへ……（［　］は渡部）

苦労して本を集めた人の気持ちをよく示している。とい

うのは、市河先生にはこういう経験もあったからである。
　「……今迄人にかして自分の本が一冊ならず行衛不
明になった経験を有する僕は、又かかることに無責任
なる日本人の性質を［知っている］僕は［言語学研究
室に預けることに］聊か二の足を踏む次第、わけだ
……」（［　］は渡部）
というのは、兄の家（市河家を継いでいる）に送った本
は、絶版となって入手し難いもの、限定版、私家版で非
常に高価なものが多かったからである。特にその没後間
もない Henry Sweet の蔵書から買ったものには、
Sweet や諸名士の書き込みのある手沢本や、その人た
ちからの手紙がはさんであったものもあった。また入手
しにくいパンフレットや紀要の抜刷りのようなものはと
かく紛失し易い。こうした本はガラス張りの中に入れる
べきもので、学生の参考書として使ってもらっては困る、
としている。
　「…冊々辛苦の結果手に入れたので、金は兎も角労
力を費したること夥しき、迚も門外の人の想像しうる
所にあらず、金もあり余りを投じたのはなく、衣食を
節し人が一週二ギニー…で下宿し居れバ、自分は二十
四　志で下宿するというような塩梅で、貴兄ならバ迚
も堪えられないような生活をして、一月に十ポンドを
余して買ったもの、小生には生命にもかへ難き宝…」
とも書いている。そして「本と結婚したる小生の品行は
大丈夫なり。安心あれ」と付け加えているのはほほえま

しい。昼食を抜いたりして乞食旅行するのは、自分の他
には南日恒太郎ぐらいだとも書いている。南日は日本で
本格的な、その意味で革命的に優れた受験参考書『英文
解釈法』（明治38年）や『英文和評譯法』（有朋堂・大正
３年、３＋11＋407＋87pp.）の著者で学習院教授、富山高
校長を勤めた人である。また『英文藻鹽草』（北星堂・
大正５年、283pp.）という英米文学の名文から採録した
文章に、ページ毎に向い合わせに全訳と注をつけた天金
箱入りの美本も出している英語の実力者であった。
　自宅（兄の家）に送った本は普通の送り方でなかった。
当時大日本帝国海軍が英国に注文して出来上がった軍艦
「金剛」に便乗させてもらったのである。戦艦金剛は昭
和17年の秋にガダルカナルの米軍飛行場を砲撃し、一時
使用不能にするという手柄を立てたが、２年後の秋に台
湾沖でアメリカの潜水艦に撃沈され、艦長以下1,300名
が戦死した。感慨無量である。
　市河先生は、留学費用はつまり国費であり、それで買
った本を研究室の学生が使うことには異存がないとも言
っている。そして「段々珍しいものが集まってくると慾
が出て、英語言語学に関する隈り“世界最大の蒐集の一
つ”たらしめようという野心を抱くまでに至った」とい
う。千葉先生は「市河君は渋沢栄一の孫娘と結婚したの
で、軍艦に載せるほどの本が買えたのだ」と言っておら
れたが、市河先生はその頃まだ結婚してはおられない。
（※　2011.9）

465. 日本英語学の先達たち―その5
市河三喜と下宿生活

田中秀央、土居光知と3人が、一軒の家を借りて住んでいた頃の生活はどんなであったろうか。

　市河三喜先生の家系は江戸時代からの学者の家である。蘭台、寛斎、米庵、萬庵と続いて明治に至った。先生の祖父米庵は名が三亥、父の萬庵は名が三兼であったので、市河先生も三喜と名付けられた。長兄三陽が家を継ぎ、弟三禄が林学者であったが、いずれも名前に三の字を使っている。長男三陽が当然家を継ぎ結婚すると、やはり次男以下は、大人になったら家を出るのが普通である。それで大学院生の市河先生も下宿しておられたのである。

　そんな時に J. Lawrence 先生から、田中秀央先生と市河先生の2人に「共同生活してはどうか」という提案があった。ロレンスがどういうつもりで共同生活をすることをすすめたのかはわからない。2人とも経済的にあまり余裕がないのにそれぞれ下宿しているのは不経済と考えたのかも知れない。するとこの話を聞いて土居光知先生も参加したいということで、3人で本郷駒込神明町の

一軒に住むことになった。明治43年（1910）の秋のことである。これに市河家からは市河先生の世話係に35歳くらいの女中さんがついてきた。その下に若い女中も雇った。何しろ市河家は幕末には門弟五千人と言われた家であるから、その坊ちゃんに自炊させるわけにはいかないということだったのだろう。

　この時に、２人に参加を申し込んできた土居光知先生は、田中先生と同じ三高（京都）の出身で、その年に東大英文科を２番で卒業したばかりであった。この人は東京女子大、東京高師で教え、そこから英米留学、その後、東北帝国大学教授であった。土居先生は戦前すでに『文学序説』や『英文学の感覚』を出されていて、西洋の文学理論の紹介などで国文学界にも大きな影響を与えたと言われている。その著作集５巻が岩波書店から出されている。戦後は津田塾大学教授となられたが、音声学に興味を持たれ、千葉勉先生を訪ねて何度か上智大学にもお見えになったことがあった。

　このように西洋古典学界、英語学界、英文学界のリーダーになられるような青年たち３人が、一軒の家を借りて住んでいた頃の生活はどんなであったろうか。土居先生が「市河三喜先生追悼特集」（『英語青年』1970年７月号、前掲の田中博士の伝記に再録）の中に紹介している。３人はこの２年間楽しい生活をしたという（学生３人に女中２人の生活は快適だったでしょうね）。この間に土居先生の記憶に残っている主なことを３つあげれば、市

河先生はこの頃、N. E. D.（＝O. E. D.）を徹底的に利用されたこと、『英語青年』の喜安編集長によく会っていたこと、Browning などの輪講を一緒にやったことである。特に市河先生が夏の一月ばかり研究室に通って N. E. D. を引きまくりながら Stevenson の Treasure Island（『宝島』）を読み上げたことを紹介している。

　この時の市河先生の御勉強の結果は、後に東大英文科で Treasure Island をテキストに用いられたこと、そしてその時の講義に出ていた学生、岩崎民平（後の東京外語大学長）のノートにもとづき、注釈書として研究社から出版されたことに現れた。偶然、私は高校3年の時に、鶴岡市の古本屋でこれを見つけた。「東京帝大英文学科で講義されたものを高校生として読んでやろう」と生意気な志を立て、岩波文庫の翻訳と並べながら、ともかく最後まで読んだ。注釈の方は高度に学問的でほとんど理解できなかったと思うが、読み上げたのが自慢だった。市河先生には一度もお目にかかったことがないが、崇敬していた。直接教えを受けないが、ひそかに敬慕することを「私淑」というと漢文の時間に『孟子』で習った。

　ちなみに、この時の3人の経済生活は羨しく安泰であった。市河先生は阿部伯爵家の家庭教師、土居先生は日蓮宗大学（今の立正大学）教師、田中先生は前述の如く特選給費生であり、後に渋沢子爵家で教えることになる。当時の華族は前途有望な青年たちに非常に気前がよかった。（★　2011.10）

466. Neverism の話

"Never give up. Never give in. Never give out."（あきらめるな。屈するな。へこたれるな）…Churchill

　本書で何度も取り上げたことのある著者 Dr. Mardy Grothe がまたまた面白い本を書いた。そのタイトルは彼の造語の *Neverisms* で、never で始まる教訓のことである。そういう教訓や忠告の文章を彼は Neverism と名づけ、その複数が Neverisms である。Grothe という人は天性の文章コレクターで、今までも Oxymoron ('make haste slowly' などの撞着語法）を集めた *Oxymoronica* とか、'if' で始まる文章を集めた *Ifferism* とか、metaphor を扱った *I Never Metaphor I Didn't Like* とか、鋭い受け答えを集めた *Viva la Repartee* とか、独特のコメントを付けた、しかも読物として楽しめる文句の厖大な蒐集書を出している。彼は学生の頃から面白い表現を集めるのが趣味だったそうである。本職は心理学者で経営コンサルタントであるが、今ではこうした著書によって、最も注目される language maven（言語通）となっている。どの本も１ページ読めば、１ページ分の英語表現の実力がつくし、しかも楽しい読み物でもある。

114

　Grothe は neverism から形容詞 neveristic とか、副詞 neveristically とかを作っている。たとえば「本をその表紙で判断するな」という言葉は、"Never judge a book by its cover." という neverism であり、それは「本は表紙よりも中身だ」という考えの neveristic な表現であり、それを neveristically に言ったことになる。こういう名文句集によく出るのは Churchill である。確かに、Churchill は大政治家であると共に、ノーベル文学賞の受賞者だけあって、実に名言が多い。Kennedy の場合もそうだが、アングロ・サクソンの政界では、スピーチの中に、広く引用されるような名文句を多く含んでいないと、大政治家としての名を留めることは難しいらしい。大戦中の Churchill は neverism の連発である。ちなみに、「何々せよ」と強くすすめることを exhortation と言うが、neveristically に「何々するな」と強くすすめることを、dehortation と言う。語源的に言えばラテン語 hortor（励ます）に強意、徹底を示す ex- をつけたのが exhortation（熱心な勧め）であり、反対を示す de- をつけたのが dehortation（強い禁止）である。もっともこの dehortation とか dehort という単語は現在では滅多に使われることはなく廃語に近いという David Grambs の指摘もある。

　ところで典型的な Churchill の neverism として、われわれの頭にすぐ浮かぶのは、"Never give up. Never give in. Never give out."（あきらめるな。屈するな。

へこたれるな）であろう。もっと徹底した Churchill の neverism は、1941年（昭和16年）の11月29日の彼の母校 Harrow School で行ったスピーチに出てくるものである。この頃ヒトラーのドイツ軍は優勢で、パリはすべてドイツ軍の手にあり、アメリカはまだ参戦せず、ロンドン空襲もあって、イギリスの前途は暗かった。その時の Churchill の neverism は、多重の dehortations、つまり multiple neverism になっている。"Never give in. Never give in. Never, never, never, never—in nothing, great or small, large or petty—"（決して屈するな、決して屈するな、決して、決して、決して、決して——どんなことにでも、大事にも小事にも、大きいことにもつまらぬことにも——）。

こんな深刻なものでない neverism も多い。"Never become involved with someone who can make you lose stature if the relationship becomes known. Sleep up."（その関係が知られたらお前の不名誉になる者と［性的］関係を決して持つな。自分より上の女と寝ろ）。これは Onassis が少年の頃、召使いの女に手を出そうとした時、父親から与えられた教訓だという。Onassis はその教訓に忠実に、まず大富豪の娘と関係し、次いで世界的歌手 Maria Callas と関係し、ついには未亡人になった Jacqueline Kennedy を手に入れた。父が与えた neverism の効果である。（※　2011.11）

467. 洞察の書物

―チェスタトン兄弟の場合

アメリカには中世がなかった！

　最近 Cecil Chesterton（1879-1918）の米国史 *A History of the United States*（1919-1940）の翻訳が出された（中山理訳『アメリカ史の真実』祥伝社）。Cecil はかの有名な G.K. Chesterton の弟である。彼は尖鋭なジャーナリストであったが、第一次大戦には一兵卒としてイギリス陸軍に入隊し、傷病兵として送還された。そこで短期間に書き上げたのがこの米国史である。彼はアメリカ史の専門家でないが、大戦勃発後アメリカに１年ばかり講演旅行などして、その間に夢中になってアメリカ史を読んだという。しかし素人であるには違いない。その素人が、ろくに参考資料もない環境で短期間に書き上げた米国史に大した学問的価値があるとも思われないと考えるのが当然であろう。彼は戦争が終わった直後にフランスの軍事病院で死亡し、この本は死んだ翌年出版された。おそらく出版界に顔の利く兄の努力のおかげであろう。

　その素人の速成の米国史が20年も経ってから、ケンブリッジ大学の政治学教授 D.W. Brogan が誤記など修正した上で Everyman's Library の一冊として再出版され

たのである。エブリマンズ・ライブラリーの著者はみな
それぞれの分野の権威者である。そこにどうしてセシ
ル・チェスタトンのような素人の、しかも忽卒の間に書
き上げた米国史がとりあげられたのか。それはセシルの
「史観」がユニークであり、時間が経っても忘れていい
ようなものでないことが専門家にも解ってきたからであ
る。たとえば「アメリカには中世がなかった」という当
然のことだが、それを実証的歴史家が見落していること
をセシルは指摘し、それを米国史理解の一つの視点とす
るのである。なぜアメリカの初期の公共の建物は古代ギ
リシャかローマ風でありゴシックがないのか。なぜ奴隷
制度が復活したか。なぜ騎士道精神がないのか。専門家
に見えなくて素人のセシルに見えたものがあり、それは
enduring（恒久的）な価値があるとされているのであ
る。その頃出された専門家の詳しいアメリカ史の数々が
忘却の淵に沈みっぱなしであるのに。

　資料的に精密な専門的研究書とは別に、洞察力によっ
て書かれた書物があるのだ。そして後者の方が恒久的価
値があるとされることが少なくない。資料的に精密なも
のは、その後もどんどん出てくるものだからである。資
料によらず、洞察によって生命の長い本を書いたのは何
と言ってもセシルの兄のG.K. チェスタトンである。戦
前のイギリスの文芸評論家で、戦後の日本で15巻もの選
集が出たのはG.K. チェスタトンぐらいではないか。

　チェスタトンには「聖トマス・アクィナス」について

の小著がある。聖トマスについては山のような神学上の研究書があるが、この小著は専門家にも重んじられ戦後も版を重ねている。文学書の評伝についても、戦前の評論家のもので「生きている」のはチェスタトンのものぐらいである。たとえば彼の『ブラウニング伝』である。これはチェスタトンの単行本としては2冊目のものであった。それ以前のチェスタトンには単行本は『12のタイプ』しかなく、それは注目はされていたが雑誌や新聞に書いた短いものを集めただけである。そこに目をつけたのがマクミランで、同社の「英国文人伝叢書」(*English Men of Letters*)のブラウニングをチェスタトンに担当させようとした。この叢書の筆者は歴史家のFroude、小説家のTrollope、Henry Jamesなど高名の人たちを揃えていた。若いチェスタトンは引き受けたが詩などの引用も記憶から書いたので間違いも多く、編集者は「真赤」になって(in a *white* fury)怒ったという。しかしこの小著はIan Kerによると、この叢書の中で今も読まれている唯一のものだという。難物といわれるBrowningの本質を洞察しているからだ。私も銀婚旅行でベニスに行った時、そこのホテルで読み耽った記憶がある。そして私もブラウニングが解ったような気にしてもらったのであった。(★　2011.12)

468. *The Pun Also Rises*
——地口・駄洒落の総合的研究

"Seven days without water make one weak"
（水を飲まずに7日たつと人は衰弱する）

　落語で「おち」とか「さげ」というのを英語で言うと "the twist in a tale" になると研究社の『新和英大辞典』にある。そして「その落語のおちがわからない」というのを、"I miss［don't get, fail to catch］the *point* of joke." としている。ここで point という語が出てくるのが面白い。というのは、この point と同語源を持つ単語に *pun*（〈同音異義による〉だじゃれ、地口〈じぐち〉、ごろ合わせ）というのがあるからである。大修館『ジーニアス英和大辞典』には、その例文として "Seven days without water make one weak"（水を飲まずに7日たつと人は衰弱する〈one *week* とのしゃれ〉）をあげているが、まことに適切である。たしかに seven days（7日）は one week（一週）だが、文の中では one（人を）weak（弱く）するという文章にかけてある。この例文の英語を読んですぐに笑った人は、pun が、つまり「要点」がわかった人なのである。実際 pun の語源とされ

るのはイタリア語の puntiglio ＝ fine point である。

　この pun について〔最近〕極めて入念な研究書が出版された。それは John Pollack, *The Pun Alsa Rises* (New York: Gotham Books, 2011, xxv ＋212pp.) である。この本のタイトルからして pun である。これは誰でも知っている Hemingway の *The Sun Also Rises*（『日はまた昇る』、1926）の 'Sun' を 'Pun' に換えたのである。著者の Pollack は1995年に「オー・ヘンリー駄洒落のめし世界チャンピオン」(the O. Henry Pun-Off World Championship) を獲得した人である。また Bill Clinton が大統領の時、その演説草稿を書いた、つまりクリントンの presidential speechwriter だった人物である。

　彼はまず pun の語源やら、その種類やらをのべる。われわれが普通に pun と言っているもの（『ジーニアス辞典』の例文など）は homophonic（同音異義的）であるが、paradigmatic pun というのもある。これは少し長い話があって、その終わりが地口になるもので、日本の落語では「とたん落ち」というようなものである。日本でも落語研究家は「おち」のタイプをいろいろ分類しているから、分類の方では日本がすぐれているかも知れないが、Pollack のすぐれているのはヨーロッパの歴史をさかのぼって、そこに現れた逸話や、社会との関係などを紹介していることなどである。宮廷に仕えて、富貴を得た punster もいたのである。

　ところで pun は脳の働きとどう関係あるのか。それに

ついての生理学的な、また言語学的な説明も紹介している。敗戦前はドイツの Breslau（今はポーランドの Wroclaw）で著名な神経外科医だった O. Foerster が局所麻酔だけで、患者の頭蓋骨をあけて腫瘍を取り除こうとして、それに触ったら、患者は突如、狂的に喋り出した。それはラテン語、ギリシャ語、ドイツ語の混じった pun の奔流であった。その内容は恐怖と手術の成功を願うものであったという。この現象──pun がとまらなくなる症状（フェルスター症候群）──を医学用語（ドイツ語）では Witzelsucht、英語に直訳すれば wit-obsession、つまり駄洒落連発症ともいうべきものであるが、これを詩人などの創造性と関係があるのではないかと推定する人もいる。

　英語は外来語が多いので pun が多いし、それを用い易い言語である。しかしシェイクスピアの時代のように、pun が極めて盛んな時代があったのに、近代になると pun は下品とされて上品な社交では忌避される。その英語史的な叙述は、今後、英語史を書く人は一章とはいわずとも一節として入れるべきであろう。その社会的変化の原因となった重要な人物が、Dr. Johnson の辞書にまつわる話で有名な Lord Chesterfield だという。アメリカでも建国時代は pun が盛んだったが、次第に嫌がられるようになっているらしい。国が若々しい時に pun が盛んだとすれば、日本の現在の落語流行もめでたい話になるわけだが。（※　2012.1）

469. Literary Jokes の小著

『書物好きのための冗談・警句・引用の書』

　イギリスは書物文化の大国だけあって、本については思いがけないような楽しいものが出版されている。2011年に The British Library から出版された『書物好きのための冗談・警句・引用の書』(*Booklover's Book of Jokes, Quips & Quotes*) などは本好きにとっては実に嬉しいものだ。編者は David Wilkerson。たった96ページのハード・カバーの小型本でポケットにも入る。厠上でも、枕上でも、車中でもどこでも読める。一行から数行の引用ばかりだから、どこで読むのをやめてもよい。私はもっぱら枕上で読んだが、この本のおかげで一週ばかりベッドに入るのが楽しみであった。内容を摘まんで紹介してみよう。

　先ず joke から。
「spine（背骨）があるのに、bone（骨）がないもの、なーに？」この答えは book（書物）である。というのは spine は、製本用語としては、本の「背」という意味があるから、なるほど本には「背」はあるが「骨」はない。これは古本のカタログなどで、その古本の状態を

「表紙は傷んでいるが、spine は健全」というような記述をするから、本の好きな人にはピンとくる joke になる。この種の本好きの人にはわかるような洒落を literary jokes と称して集めてある。

　また「町の本屋さんで」という冗談も集めてある。本屋さんに行って、「ペシミズムの本がありませんか」と聞いたら、「そんなもの置きませんよ。（ペシミストは）誰もそんな本を買いませんからね」と答えられた、といった工合に、「投機の本があるかと聞いたら」とか、「休暇にキャンプに行くための本があるかと聞いたら」とか、いろいろな質問と意外な答え、つまり joke が与えられる。その答えの「おかしさ」が解るには相当カンがよくなければならないだろう。

　またこんなのもある。シェイクスピアがパブに入ったら、バーテンダーが、「おい、お前はここに入ってきちゃいけないんだ」と言う。それでシェイクスピアが、「どうしていけないのか」と聞いたら、そのバーテンダーはこう答えた。「いつも言ってるだろう、お前は bard（詩人）だからだよ。」この洒落が解るためには、bard と barred（禁止されている）が homophone（同音異義語）であることと、シェイクスピアが the Bard of Avon（エイヴォン川の詩人）と言われ、しばしば the Bard と呼ばれていることを知っていることが前提とされている。こういう文学的洒落（literary jokes）はすぐにはどこが洒落になっているのか解らないものがある。

そんな時に、ふと正解（？）に思い当たると、何だか数学の難問が解けた時のように嬉しくなる。こういう洒落はわれわれの英語・英文学の知識に対する挑戦みたいなものでもある。

　また時事的なものも含まれている。ブッシュ元大統領が図書館に行って、「イラク戦争の本を貸してもらえるかな」と聞いたら、その図書館員は、「ふざけないで下さいよ。あなたはそれを決して終えることができないことを知っているくせに」と答えた。英語で 'finish it' と言ったら、「本を最後まで読む」という意味になるが、相手がブッシュなら「戦争を終える」意味になる。この joke は〔今〕ならオバマ大統領かクリントン国務長官に、本はアフガン戦争の本に置き換えればよい。

　驚くのは、本のタイトルと著者名の joke である。たとえば、"Selling Flowers" の著者なら、Flo Wrist という名前にしている。もちろんこれは florist（花屋）と同音異義になる。「物を見つける法」How to Find Something の著者なら Luke A. Round 氏という類音異義が当てられる。こんなリストが７ページも続く…と言った工合の小著である。出版社が大英図書館（the British Library）というのも心憎い。

　また名士の本についての名文句集もついている。たとえば「人が独創的だという考えも、結局あまり新しくないことを、人は本によって知る」というリンカーンの言葉もある。（※　2012.2）

470. 英語で論文を書くための文法

アメリカ心理学会（APA）の論文作成マニュアルから──どの学会でも文法指針は同じよう。

　英文法は学校教育の中でますます軽視される、あるいは邪魔物扱いされる傾向があるようだ。大学の英文科でも英文法が選択になったりしている。英文法をやったことのない人が、高校でどんな英語教育をするのかと思うと肌寒い感じがする。そんな時、〔今年〕のイギリス国学協会のコロキウムで、江藤裕之氏（東北大教授）が、アメリカの学会における論文執筆マニュアルの中に示されている文法指示を紹介してくれた。これは American Psychological Association が2010年に出した指針であるが、どの学会でも論文についての文法指針は同じようなものと考えてよい。そのいくつかを紹介してみよう。

　（1）「平均以上の点数をあげたと君が思う研究参加者の名前をあげよ」という文章で、カッコの中は who にするか whom にするか。Name the participant（　）you found achieves above the median. また「一番若い研究参加者と私が確認した者が脱落した」The participant（　）I identified as the youngest droppod out. という文章のカッコに who を入れるか whom を入れるかを学校文法ではきっちり教えなければならない。ちなみに正解は前者は who、後者は whom である。

(2) -ing の前に名詞や代名詞がくる時である。「彼らが勝者になったことに我々は関係がない」We had nothing to do with （　）being winners. という文章で、カッコの中は their か them のいずれが正しいか。また「一人の研究参加者がひどく早いスピードでやっているため、その結果には問題がある」The resuit is questionable because of （　）performing at very high speed. のカッコは one participant's と one participant のいずれが正しいか。ちなみに正解はそれぞれ their と one participant's である。こんな用法は伝統文法でなければ教えてくれないのではないか。

(3) また「その結果が示すところでは、そのような変更は誤謬率に影響せずになされえたし、潜伏期も時が経つにつれて減少し続けた」という文章で誤りがあればどれか。The results show that such changes could be made without affecting error rate and latencies continue to decrease over time. 答えは、and と latencies の間に that を入れていないことである。主動詞 show の目的語として2つ以上の名詞節（clause）があったら、that を省略せずに書けということである。これは当然、文章の明晰化に役立つ。こういう場合の that は省略できるにせよ、省略してはいけない——少なくともアカデ

ミックな論文では――と教えなければならない。

　（4）分詞構文（dangling modifiers と呼んでいる）における主語は、主文章の主語と同じでなければならない。「この手続きを用いて私は協力者たちに試してみた」という場合は、Using this procedure, I tested the participants. とするのが正しく、The participants were tested using this procedure. は不可である。会話でならばかまわないと思うが、アカデミックなものを書く時は、伝統文法遵守なのである。たとえば「この件はそうではないと思う」というのは、会話では Hopefully, this is not the case. でかまわないが、論文では I hope that this is not the case. としなければならない。同じように We find it interesting that ... を Interestingly で始まる文章にしてはよくない。

　もっと初歩的とも言えるのは、My husband is six years older than *me*. としては駄目で、*me* を *I* にしろという。「民主党は1992年に誰を指名したか」は Whom did the Democratic Party nominate in 1992? でなければならず、この Whom を Who にしたらペケなのだ。学校では将来は英語で論文を書きたい若者にも英語を教えているはずだ。ピジン英語（Pidgin English）で満足する者だけの英語教育であってはならないだろう。少なくとも将来留学することを希望する生徒のいる学校では。

（※　2012.3）

471. 古典的な英語の修辞学

修辞学的に分類されている英語名文集のカン所。

　最近 cognitive grammar の視点を取り入れた文法の論文を読んだ。昔からの、つまり C. T. Onions 以来の５文型の文章の語序にも、内容を考慮した視点を加えたもので面白かった。しかしこうした新言語学系の議論に使われる例文はいずれも短いのが通例である。文法学の出発点は、ギリシャにおいては読めなくなったホメロスを正確に読もうとする努力であり、近現代のヨーロッパ人はギリシャ・ラテンの古典を正確に読み、また書けるようになるために努力して、文法を学んだ。簡単に言えば古典的作品を読む努力から文法研究は始まった。

　一方、現代の新言語学は、構造言語学の出発によく見られるように、古典的文献を持たないインディアンの言語研究から始まった。その後、いろいろな新しい言語学の試みがなされたが、いずれも「古典を読み解く」ということには関係なく、すでに意味の解り切った文章――たいてい短文――をあげて、それを分析し、術語を作り、理論化する努力である。これによって言語の本質が解き明かされることもあろうが、内容の豊かな長文を読み、

その内容から恩恵を受けることに連なることはなさそうである。上に言及した cognitive grammar の論文も、面白いけれども、語序の問題はリズムや韻が入ってくる詩の場合には関係なくなるし、特に修辞学的技法との関係は、修辞学用語を用いなければ説明しにくい。そんなことは昔から解っていたから修辞学という分野が文法と別にあったのだ。中世の主要 3 学科は grammar, rhetoric, logic である。

　短い文例を並べて新しい文法の理論を立てなくても、学ぶ者たちはだいたい旧来の 5 文型で十分である、いな、近頃はその 5 文型さえ知らないで大学の英文科に入ってくる者もいるので、まともな講読の授業に差し支えることがあるという。そこでうんと趣きを変えて、rhetoric の初歩でも英文科で教えてみたらどうかと思う。私が上智大学の 2 年生の時、ロビンソンというアメリカ人の教授はアメリカの英語の教科書を使ったが、そこには修辞学の初歩があって、後にまで恩恵を受けた。そんなことを考えている時に、たまたま面白い修辞学の本が見つかった。それは Ward Farnsworth, *Classical English Rhetoric* (Boston: D. R. Godine, 2011, x ＋254pp.) である。

　普通には修辞学用語として思い浮かぶのは simile（直喩）とか metaphor（隠喩、暗喩）とかである。しかし Farnsworth があげているのは、本格的な修辞学用語であり、その数の多さ、つまり分類の緻密さから、いかにギリシャ人やローマ人が rhetoric を重視していたか、

130

それが近代になっても西欧の大学に引き継がれてきたか
実感される。ちなみに日本でも人気のあるニーチェ
(Friedrich Nietzsche) がバーゼル大学の教授であった
時、1872年には、彼のゼミに登録した学生はゼロ、ホメ
ロスの講義にも出席者ゼロであったが、彼の古典修辞学
のクラスには2人の出席者がいたという。

　われわれは "…, isn't it?" というような、特に返事を
要求しないような疑問文を rhetorical question と呼ぶが、
古典修辞学では erotema と呼ぶ。また「She is not
unattractive.（彼女は魅力がなくはない）」のように否
定語を否定するような言い方を litotes というとか、18
個の修辞学用語を説明している。8品詞を覚えるのも厄
介な人が多いのだから、こんな術語は覚える必要はない。
しかし重要なのは、その各用語の下に集められている例
文集である。チャーチルの名演説、マコーレーの名文、
コナン・ドイルの文章、『モービー・ディック』のさわ
りの言葉などなど、英語の名文集が、修辞学的に分類さ
れ、そのカン所を教えてくれている。英語鑑賞力に貢献
するところ大だ。著者はボストン大学の法学教授。そう
言えば文法学の近代的出発点はパドヴァの大学の法学部
であったことを思い出した。（★　2012.4）

472. 英語の dudeification 現象

　昭和18年（1943）に中学に入った時、もう1年数カ月
前に、英米との戦争がはじまり、日本は香港、マニラ、
シンガポール、マンダレーなどを占領していたのに、英
語の教科書は戦前のままで、2種類使っていた。英文和
訳（英訳と言っていた）の教科書は三省堂のもので、イ
ギリスの王冠がついていた。もう1冊は英作文と英文法
の教科書（英作と言っていた）である。今から考えると
今昔の感に堪えないことも教えられた。たとえば英作文
では teacher が出たら、それには当然 he という代名詞
を使う。教科書もそうなっていた。ところが戦後に大学
に入った時は、アメリカでは小学校の先生はたいてい女
性だから、teacher が出たらその代名詞は she になると
教えられてびっくりしたことがある。
　現代英語の名詞では文法性（gender）の区別をしな
いから、定冠詞はすべて the ひとつで済んでしまう。フ
ランス語では le と la、ドイツ語になると、der, des,
dem, den, die, der, der, die とうんざりするほど覚えな
ければならない。性別は定冠詞だけでなく、名詞の語尾
でも厳格に行われている。英語で「友人」は男か女か断
らなくても friend で済むが、ドイツ語では、必ず男友
達（Freund）か女友達（Freundin）か区別しなければ
ならない。「昨夜は友達の部屋に遊びに行ったよ」など

という時、かなり困る場合、嘘を言わなければならないこともある。

　英語では舞台女優をも actor と言って男優と区別しなかったが、特に区別して actress と言うようになったのはピープス（Pepys）の1666年の日記が初出だと O. E. D. は教えてくれる。バスの女車掌（conductress）は当然バスが普及した19世紀頃からで、女性飛行士（aviatrix or aviatress）は当然20世紀になってからである。つまりイギリスの興隆期や繁栄期になると、男性名詞をわざわざ女性化した。つまり女性を指す特別の語形（marked forms）が作り出されたと言える。これは男性の職種に女性が出て来たことに関係があるであろう。

　それが20世紀の後半、ベトナム戦争の頃から women's liberation が行われ、女性形の marked forms は差別語扱いになりはじめた。今まで he だけで受けてよかったところには he or she などと言わなければならないようになった。「座長」も chairman ではダメで chairperson と言うようになり、今では単に chair とだけ言うようになった。極端なのは、woman でなく wohuman にしろだとか human を huwoman にしろなどというのもあったが、こういうのはさすがに消えたようである。

　しかしキリスト教で「天にまします神様」という祈りには昔から our Father（われらの父）が用いられてきたが、それは不公平だというので、our Parent（われら

が親）を用いるようにという主張が行われた、さすがに
キリストを女性だとか、中性だとかいう主張は聞いた覚
えがないが、三位一体説ではキリストは神なのだから性
別があってはいけないことになるし、12使徒に女性がい
ないのは差別だということになる。これについてはどう
なったか知らないが、キリスト教そのものを離れてしま
った人が少なくないことは確かであろう。

　ところが〔最近〕の英語にはその逆流みたいなものが
あるという。Erin McKean の "The dudeification of
English" という *Boston Globe* に寄せられたエッセイ
（*The International Herald Tribune*, Dec. 26, 2011に再
録）によると、男同士の気楽なつき合いでは、brother
を示す Bro を名詞につける傾向が出てきたという。た
とえば bromance と言えば「2人の男同士のロマンス」
のことだ。貧しい「兄弟」は broletariat で、broap は
Bro 用の石鹸（soap）だ。もちろん brospeak というの
もあって、Daniel Maurer, *Brocabulary*（New York:
Harper Collins, 2008. 232pp.）という本も出ている。こ
ういう言い方を dude talk（野郎言葉）というらしい。

（※　2012.5）

473. 新しいアメリカの口語の歴史

アメリカ英語の歴史について素晴らしい本が出た。

　英文科を出た人間は一応英語についてはそうでない人たちと一線を画する英語の専門家ということになる。医学部や工学部を出た人たちもやはり他の人とは一線を画する専門的知識を持っている。しかし英文科を出た人間は専門的知識を持つことができるかと言えば多分に怪しい。この頃は外国に留学する人が多く、経済学部や法学部の人でも、英文科を出た人よりも英語ができる場合が少なくないようだ。英文科である作家を勉強したと言ってもそれほど専門的な意識は作ってくれない。英米文学の愛読書を持ち、その作家についても詳しく、その作家の稀覯本を持つ「素人」も少なくないのだから。

　ふり返って見ると、英文科の卒業生に「専門家の誇り」らしいものを与えるのに一番有効だったのは「英文学史」だったと思われてくる。シェイクスピアを愛読する人は日本にも多いが、彼はエリザベス朝の文学者とされているものの、しかしその晩年はスチュアート朝になっており、両王朝の文学風土は違ってきていることなどは「素人」はたいてい知らない。英文科では文学史を徹

底して教えた方が学生にプロ意識を与えることになるだ
ろうと思う。

　もっと専門的知識、いな専門家的意識を学生に与える
ためには「英語史」が効果的である。日本の企業までが
社内公用語を英語にするところが現れたぐらいに今の日
本人は英語を学んだり触れたりする機会が多い。しかし
英語、つまりアングロ・サクソン語のアングルもサクソ
ンも北ドイツの地方の名前で、そこからの渡英者の言葉
がいわゆる「英語」のもとになったので、Old Engish
はドイツ語の一方言だということを知っている日本人は
稀である。その英語が300年ぐらい地下にもぐったよう
になって出てきた時の英語——Middle English——を用
いた大作家の作品が『カンタベリー物語』だということ
を知る人は更に少ないであろう。OE や ME の文献を読
めなくても、英語史でそのサンプルを見たことがあるだ
けで、それは英文科の卒業生と他学科の卒業生を画然と
分けることになる。そういうことが専門家意識、あるい
は英文科を出たというプライドと関係すると思う。「英
（米）文学史」や「英語史」を軽視した英文科は、大学
というよりも語学学校にすぎなくなるであろう。

　英文科の学生に英語史の知識を与えることの重要性を
私は年と共に鋭く感ずるようになった。私自身、英語の
よくできる英文科出でない人と語り合っても、少しもひ
け目を感じないのは——英会話ではずっと上手な人たち
がいっぱいいるが——私の英語に関する知識はプロで、

英語そのものの話題となれば、十分専門家ヅラができるからである。そしてその知識のもとになったのは学生時代に読み始めた Baugh や R.F. Jones の英語史から始まって、Horn & Lehnert の英語音韻史に至るまで、英語史関係の本を読んできたからである。私の昔の学生で今は大学で英語を教えている人でも、Baugh を読んだだけでも専門家ヅラができますと語っている。

ところでその Baugh の英語史だが、アメリカ英語の歴史はそれほど詳しくない。ただ general American という方言性の少ない英語がアメリカで支配的であるという指摘が有益だった。ところが最近、そのアメリカ英語の歴史についての素晴らしい本が出た。Richard W. Bailey, *Speaking American: A History of English in the United States*（OUP, 2012. xviii ＋207pp.）である。彼は Alexis de Tocqueville, *Democracy in America* を発想の軸に立て、影響力の強い話し言葉の中心が、Chesapeaks Bay, Boston, Charleston, Philadelphia, New Orleans, New York, Chicago, California と８ヶ所を動いていることを歴史的に語っている。たとえば Boston ではピューリタンがクエーカーの使う thou, thy, thee を嫌って、それを使った数名に死刑を宣告したなど、面白い話が多い。私もこれを大学の英語史の授業で使ってみたかった。

（※　2012.6）

474. ブリタニカ百科事典の終わり

"本当に世の終わりだよ"
……the world is truly coming to an end.

　今の若い人たちで謄写版に馴染のある人はもういない
であろう。それは「ガリ版」とも言ってゼロックスやパ
ソコンなどの出現の前は、「複写」の別名であった。そ
の上には「印刷」があったが、これは印刷所の仕事にな
るから、私的にコピーを作る場合はガリ版に限った。中
学4年の時に中村善士先生（東京高師卒）が、英文を綺
麗にガリ版にして、教科書代わりに教えて下さった時の
感謝の気持ちをまだ覚えている。教科書もなく、戦前の
受験参考書も払底していた敗戦直後に、そういう教材を
作って下さった先生もいたのである。
　そのガリ版という日本的なコピー術を近代化し、家庭
用の簡易印刷機プリントゴッコなどを開発したのは理想
科学工業の創業者の羽山昇氏である。その訃報を新聞で
知っていささか感慨無量なるものがあった。というのは
同じ頃の *New York Times* に出た Kyle Jarrard の記事
で、*Encyclopedia Britannica*（以下 *E. B.* と略す）が
244年の印刷の歴史に終止符を打って、online だけにな
ることを知ったからである。「一種の悲しみが押し寄せ

る（A sadness comes over me）」と言い、「本当に世の
終わりだよ（... the world is truly coming to an end）」
とも彼は言っている。この場合の the world は普通の意
味の「世界」なのか、定冠詞 the を重く見て「印刷物の
世界」なのかは論じうるが、E. B. が印刷物として消え
るということは、確かに「一つの世が終わった」、「グー
テンベルクに始まった時代が終わった」と感ずる人も多
いと思う。

　この Jarrard は現在は *The International Herald
Tribune* の上級編集者（senior editor）であり、書物の
ある家で育ったが、E. B. はなかったという。それは *E.
B.* がちょっと高級（a bit highbrow）すぎたからだった
という。彼にとっては E. B. は図書館の奥深い神秘的な
ところに鎮座しておるもので、近づくことも、読むこと
も、理解することもできない、難しく手の出せないとい
う印象を与えるものだったという。

　このように E. B. に対して畏敬の念を示した話をした
のは彼ばかりではない。日本でも今から50年ほど前に似
たような言葉を聞いた。Y.S. 君は東大法学部を出て大銀
行に入ったが（当時のエリート・コース）、上役とそり
が合わずやめて、司法試験を受け全国二番の成績で合格
した。その頃の彼と私はよく会う機会があった。ある時、
彼はこう語った。

「E. B. が置いてあるような弁護士事務所を作りたいん
だ」と。

　戦前の日本で家に *E. B.* を持っていたのは華族か富豪
であり、事務所に *E. B.* がある弁護士なら、超有名弁護
士であったろう。Y.S. 君のイメージにはそれがあったの
である。

　しかしその後日本には高度経済成長時代がやってきた。
日本でも *E. B.* が大衆に売れる時代になった。「*E. B.* を
いつも持っている」というのが古書店の松村の誇りであ
ったような時代は終わった。私が驚いたのは、田舎の遠
縁の家も *E. B.* を買ったことである。その家の両親は英
語は全く読めず、息子も高校に入ったばかりで、受験英
語のレベルにも達していないのに *E. B.* を買うとは！
これほど日本の親の教育熱と、高度経済成長の意味を実
感させてくれたものはなかった。もっとも *E. B.* の日本
支社は抜群に優秀で、全ヨーロッパを合わせた以上のセ
ット数を売ったという。この支社長の K.S. 君は私の上
智大学の同級生で、大学 2 年修了でアメリカに留学した
秀才である。彼とはその後も親しくして、*E. B.* のおま
けに C.C. Fries の英語教科書数巻をつけることになった
時に、その解説のための一巻を書くことになった。その
ため私は構造言語学と Fries を勉強させてもらった。言
語学史における構造言語学の位置と意義を自分に明らか
にしたのが収穫であった。この本は *E. B.* を当時の日本
で買った人しか入手できず、「古書店では 1 万 5 千円の
値がついてましたよ」と教えてくれた人がいた。

（※　2012.7）

475. 英語の5文型の起源

5文型はOnions起源説をさらに
さかのぼる。

　英語の5文型の起源について宮脇正孝氏（専修大教授）が同学の『専修人文論集』の第90号にdefinitiveな論考を出されているので、紹介をかねながら私感を述べてみよう。

　英語の5文型は私が英語を習った頃は数学で言えば定理のようなものだと思っていた。英語は昔からこういう風に教えられてきていると思い込んでいたのである。つまり「英文法史」という観念がなかったのである。その後大学で教えるようになってからの話だが、『英語青年』かどこかで、大塚高信先生が、「細江逸記の『英文法汎論』に出てくる5文型はC.T. Onionsの*An Advanced English Syntax*に由来するものであろう」と述べておられるのを見てびっくりしたことがある。

　大塚先生の影響力は大きく、その後の日本の出版物で5文型に触れたものは、たいていOnions起源としている。しかし今回の宮脇氏の論考は、それにはさらに起源があったことを文献的に立証している。そこに出てくるのはE.A. Sonnenschein（1851-1929）という人物である。

彼の父はモラヴィア（チェコスロバキア）から1848年の
三月革命後にイギリスに移住してきた数学者である。息
子のSonnenscheinはOxfordを古典語と近代語の両方
で最優秀等生として卒業した。その後、グラスゴーの
高校級の学校の校長もやったがMason College（後の
University of Birmingham）のギリシャ語とラテン語の
教授になった。この方面で彼は一流学者で、『ブリタニ
カ百科事典』の第11版の執筆者でもあった。

　彼は校長をしていた頃に、いろいろな言語の文法書の
構成や用語がまちまちであることの不便さを痛感してい
たので、各国語共通の文法の枠を作るべきだと考え、教
員協会の支持も得てGrammatical Societyを作った。古
典学者としての彼は、印欧系の言語の構造は基本的に通
底するところがあるのでそれが可能であると考えたので
ある（これが後にOtto Jespersenとの論争のもとにな
る）。そして彼が総編集責任者として「平行文法シリー
ズ」（Parallel Grammar Series）を刊行し、その出版は
彼の弟のSwanがやっている出版社が引き受けた。彼自
身もラテン語文法とギリシャ語文法を書いた。

　このシリーズの基本姿勢を明らかにするためにまず出
されたのが彼とA.C. Cooperの共著になる『英文法』
（1889）の第2部にあたるsyntaxである。これは簡潔
なものであるが、ここには「述部の5形式」が帰納法的
に引き出され、他の文法書に枠を提供することになる。
特に「相当語句（equivalent）」という概念の採用は、

細江博士の文法の特徴ともなったもので、小難しい品詞
分類の議論を無用にする力があった。

　このCooperとの共著は比較的簡単なものであるので、
内容の充実した英文法をこのシリーズに加える必要が生
じた。それを手伝ったのがC.T. Onionsである。彼は
Mason College時代にSonnenscheinからギリシャ語や
ラテン語の教育を受けた。Onionsはその頃、O.E.Dの
編集の手伝いをしている二十代の若い学徒であった。旧
恩師に頼まれて、文法協会の枠に添った英文書を書くこ
とになったのである。これがOnionsの*An Advanced
English Syntax Based on the Principles and
Requirements of the Grammatical Society*（1924）であ
る。ここに 'advanced' というタイトルがつけてあるの
は、学問的に高度ということでなく、Cooper &
Sonnenscheinのものが「初級編」とすれば平行シリー
ズの中での「上級」ということである。そしてO.E.D
に関与していたOnionsは、その例文も現代語だけから
の採用にせずに、Shakespeareなどの古典的文献からも
取り上げ、必要に応じて歴史的説明も加えているのだ。
ここまでくれば、細江博士の『汎論』の出発点は明瞭だ。
ただ細江博士はさらに例文を博捜し、比較言語学をも意
識的に取り入れ、論理的にも精緻に仕上げていったので
ある。いずれにせよ、5文型のマスターは他の印欧語習
得の大なる助けになることは確かである。

（★　2012.8）

476. 第一次大戦前後のイギリス
——ユダヤ人について

歴史を見るにはある程度の距離
(⇒時間) が必要。

　富士山のような大きな山でも、それほどでない山でも、うんと近くにいてはその差があまりわからないということは誰でも経験することである。虹でもよく見ようと近づくと見えなくなる。物を見るにはある程度の距離と方向が必要ということであろう。山や虹の場合の距離は空間的なものであるが、事件の場合の距離は時間である。この場合の時間が歴史を見るのに必要な距離ということになる。日米の戦争についても最近は戦後しばらくの間とは違った姿が見えてくるようになった。

　では第一次世界大戦 (1914-1918) はどうであろうか。もうそろそろ百年にもなるので当時とは違った姿が見えてくるのではないかと思って、当時イギリスで最も人気のあった評論家や歴史家の書いたものを喫茶店などで読んでいる。たとえばベロック (Hilaire Belloc, 1870-1953) の『ユダヤ人』(*The Jews*, London: Constable, 1922, 28' xxvii +308pp.) などどうだろう。ナチスのユダヤ人大虐殺の後では、ユダヤ人について語るには、ヨ

ーロッパでもタブーが多いらしい。ベロックは元来がカトリックであり、ユダヤ人とは個人的に親しかったので、悪質な偏見があったという心配はない。事実、巻頭の献辞の中でも、長い間自分の秘書であったユダヤ人の女性に対し感謝の言葉を述べている。

　ではヒトラーが政権を取る11年前に書かれた本の中でベロックは何と言っているか。当時のイギリスの知識階級の言葉として注目したい。彼はこの本の出る５年前に成立したソヴィエト政府のことを「モスクワのユダヤ人政府」（The Jewish Government in Moscow）と言っているのである。こんなことを言う歴史家は今はいないであろう。しかし私は戦前有名だった日本人の学者の本の中で「ロシア革命の中心勢力はユダヤ人であった」という主旨のことを読んだ記憶がある。当時のイギリスの読書階級ではそういう認識があったということになる。するとヒトラーのソ連に対する憎しみは、彼の人種的偏見と関係があったとしてもよいかも知れない。ベロックはロシアのボルシェヴィキ（Bolsheviks、ロシア社会民主労働党の多数派で10月革命で政権を握った過激派）の運動、つまり Bolshevist movement を Russian movement というのは偽善だと言うのである。革命によって祖国を追われたロシアの教養階級の人たちは、「あの革命は Jewish Revolution だ」と言っていたという。

　さらに注目を惹くのは、ベロックはマルクスのことを Mordecai と呼び、Marx という姓は彼の家族が使うよ

うになったのだという。マルクスがユダヤ人であり、その家系がラビ（ユダヤ人の宗教的指導者）であることは人名辞典でもわかるが、そのもとのユダヤ人としての名前まで見たのは、私はこれがはじめてである。これも当時のイギリスやフランスのインテリの間では常識だったらしいのに驚かされる。

　では何故ユダヤ人問題なのであるか。なぜ周囲の多人数の民族に溶けこまないのか。アイルランド人も、イギリスの島のブリトン人も征服者に溶けこんだ。北フランスのゴール人も、イタリア人もロンバルト人も、すべて征服民族に溶け込んだ。ギリシャ人もスラブ人も同じことだ。ダキア人は蒙古人とも同化した。それなのにユダヤ人はどうしてそうならないのか。

　その理由はともかくとして、もしこのままの状況が続けば、必ず大虐殺か、追放が起こるであろう。それをまぬがれる道は融合することだとベロックは力説する。これはそれから十数年後に起こるナチスの行動の的確な予言であった。ただ幸いなことに、第二次大戦後は融和の方に進んでいる。これには日本も貢献したのではあるまいか。ユダヤ人を差別しないことを公式に決めた政府は、当時日本だけだった。第二次世界大戦が終わると、ユダヤ人でもインド人でもパキスタン人でもアフリカ人でも、人種差別そのものが国際的に消えはじめたからである。この前の大戦以前の人種問題は、今の世代に解りにくくなっている一例である。（★　2012.9）

477. 第一次大戦とイギリスの平和主義

チェスタトンによれば大戦の原因は
戦争絶対反対主義のクエーカー教徒。

　第一次世界大戦はどうして起こったのか、ということについては、今から三十数年前に『ドイツ参謀本部』を中公新書から出した時にいろいろな文献に当たってみたことがあるが、どうもよく解らなかった。セルビアの青年がサラエヴォでオーストリアの皇太子フェルジナンドを暗殺したという事件が、どうして大戦になってしまったのか。あの戦争で数千万人が死に、明治維新以来、日本人が憧憬し続けた「古きよきヨーロッパ」は永久に消えたのである。夏目漱石や森鷗外の知っていたヨーロッパはなくなった。

　結局はドイツに対して世界中が戦うような形になってしまったので、戦争の元凶はドイツ皇帝ヴィルヘルム二世ということになってしまった。当時の日本も同盟国だったイギリスにしつこく頼まれてドイツと戦うことになった。その頃の北澤楽天の時事漫画を見ると、ドイツのカイゼル（皇帝）が大悪人のように画かれている。イギリスも Oxbridge の学生たちが noblesse oblige（高い身分に伴う義務）として多数参加し、多数戦死するなど、

反独感情が強かった。イギリスの王家も1714年に George 一世がドイツのハノーバーから来てから、the House of Hanover と称していたのに、大戦のためドイツ人の王朝のような名前はふさわしくないという国民感情を顧慮して1917年以降は the House of Windsor と改称することにした。それまではずっと皇后はドイツから来ていたのだが、その後の王妃はスコットランドの貴族から出た。今のエリザベス女王の母の時である。有力な貴族の Battenberg も、ドイツ語 Berg が「山」を意味するので、Mountbatten に変えた。このようにドイツ系を示す家名を変えた貴族は他にもある。

　イギリス人の大部分も大戦の原因はドイツのカイゼル・ヴィルヘルム二世だと思っていた。しかしバーナード・ショーと並んで当代きっての評論家であったチェスタトン（G.K. Chesterton, 1874-1936）は意外な大戦理由を見出す。逆説家だから、こういう場合も逆説的なことを言うのであるが、逆説は常に一面の真理を持つことも確かなのである。チェスタトンによれば大戦の原因は戦争絶対反対主義のクエーカー教徒のためだったというのである。

　当時のイギリスの政府はアスキスの自由党内閣であった。アスキス（H.H. Asquith, 1852-1928）はスコットランドを選挙区として選出された議員である。自由党は進歩的な政策を持っており、その基金への最も大きな寄付者は、クエーカーの富豪たちであった。特にチョコレー

トやココア製造をやっていた Cadbury 一族は、政治に
も深く関与し、また Daily News 社という有力紙のオー
ナーでもあった。当然当時の自由党はクエーカーという
大スポンサーの意見を無視するわけにいかなかった。

　チェスタトンの意見では、「フランスがドイツに脅か
されるような事態には、イギリスはフランスを断乎支持
する」とはじめから言明しておれば、ドイツがベルギー
に攻めこむこともなく、大戦にならなかったであろうと
いうのである。ところがクエーカーの平和主義者
（Quaker pacifists）に遠慮して、自由党内閣は好戦的に
聞こえる声明を出せなかったのだという。彼は『自伝』
の中でも、このことを指して、「イギリスは democracy
（民主主義）によってではなく plutocracy（金主主義）
によって統治されているからである」という主旨のこと
を述べている。

　平和主義者（pacifists）が第二次大戦の場合も原因で
あったことは戦後しばしばイギリスでは主張されている。
第一次大戦においてあまりに多数の惜しい犠牲者を出し
たイギリスは pacifism の病気にかかってしまったので、
ヒトラーがベルサイユ条約を破棄してラインラント進駐
した時に、それを武力で停める姿勢を示せなかった。も
し示したら、ヒトラーは引っこんで失脚したろうという
のである。その頃のドイツ軍はまだ戦う準備がなかった
のだと指摘する。いずれにせよ歴史上の仮説（if）であ
るが、注目すべき逆説ではないか。（★　2012.10）

478. 20世紀英語ことわざ辞典

The Dictionary of Modern Proverbs（YUP, 2012）は初出についての記述が学問的だ。

「諺」とか「格言」を意味する英語は proverb であるが、これはラテン語の proverbium（pro［(put) forth］＋ verbium［word］）から出ている。ゲルマン語系で言えば old saw である。この saw は Old English の女性名詞 saga から来ていて元来は saying という意味で、Old Norse の saga（武勇談）と同根である。人が言うことのうちでも、「うまく簡潔に言った言葉で、他の人も繰り返して言うようなもの」が proverb であり saw なのだが、saw を格言の意味で言う時は「古から言われている」ということを示すために old という形容詞がつくことが多い。

　どこの国の人も格言的なものは好きらしく、昔からいろいろなものがある。『論語』などは格言集的なところがある。日本にもいろいろあったが『故事・俗語　ことわざ大辞典』（小学館、1982, 1,998pp.）が今のところ一番よく網羅しているようだ。英米人も大好きで昔からいろいろな「諺辞典」がある。ここ十数年の間には、Oxford と Yale の大学出版部のものが目につく。まず Oxford

　出版部からは W. Mieder を主幹とする *A Dictionary of American Proverbs*（OUP, 1992, xviii ＋710pp.）が出、次いで Ned Sherrin, *The Oxford Dictionary of Humorous Quotations*（OUP, 1995, xxiii ＋543pp.）が出た。これは proverb と称していないが、「巧みに言われた言葉で、引用されることの多い」という点では諺と言ってもよいものが多い。

　こうした OUP の出版物に対して、大西洋の対岸の Yale 大出版部からは F.R. Shapiro, *The Yale Book of Quotations*（YUP, 2006, xxiv ＋1,067pp.）が出た。これは最初の発言者を明記した諺辞典と言ってよいであろう。そして〔今年〕は C.C. Doyle のほか、前に名の出た Mieder や Shapiro が編者として加わって、*The Dictionary of Modern Proverbs*（YUP, 2012, xiv ＋294pp.）が出版された。この本のタイトルで面白いのは、proverbs に modern という形容詞がついていることである。諺は 'old saw' という言い方があったのに、modern というのは言辞矛盾、つまり contradiction in terms みたいである。しかし上に挙げた様々な辞書を見ると、有名な quotation と proverb の区別はないと見てもよいのである。本書のタイトルも昔なら *The Dictionary of Modern Quotations* とすべきものであったろう。

　編者の C.C. Doyle は Georgia 大学の英語・言語学の associate professor, W. Mieder は Vermont 大学のドイツ語・民俗学の教授、F.R. Shapiro は Yale 大学 Law School

の associate librarian であり、法律検索の講師である。
この編者たちの立場は、「諺は古いものとは限らず、絶
えず作られ続け、あるものは消え、あるものはいつまで
も残る」という立場である。つまり諺とは一時的、ある
いは恒久的な名文句、つまり quotations であるという
ことだ。

　そして 'Modern' というタイトルを冠した時、それは
20世紀（1901年以降）になって作られたものに限るとい
うことである。そんなことができるのは、古い文献など
の多くが、コンピューターで検索できるようになったか
らである。編者たちは実に多くのデータベースを利用し
ている。そして20世紀に作られたものだと思ったところ、
すでに19世紀の文献に出ていたというような発見も少な
くなかったらしい。

　同時代に作られた「諺」ということで、その初出につ
いての記述はまことに学問的だ。まず誰が最初に言って、
それが印刷物に現れたのはいつか。またその印刷物は何
か。それはその後どのように応用変化して使われてきた
かも詳細にしらべてある。というのは old said saw でな
く new said saw と称する本書はポピュラー・ソングな
どから採録したものも少なくなく、その「もじり」も多
いからである。つまり anti-proverb とか counter-proverb
というものも出てくるのだ。たとえば Good enough is
not enough. はすぐに、Good enough is good enough. と
言い換えうるからである。（※　2012.11）

479. 旅行者用の引用文句辞典

世界の地名が並び、その場所についてのいろんな人の発言を集めた辞典。

　引用語辞典というのはいろいろ面白いものがある。日本の明治以後のものでは簡野道明先生の『故事成語大辞典』（明治書院、明治40年（1907）、再版・大正元年（1912）．ⅱ＋ⅱ＋ⅳ＋1851＋134pp.）などが代表的であろう。増修版が大正元年９月末に出て、２カ月にもならぬ同年11月初めまでに４回重版になっている。私が恩を受けているのは田中・落合編の『ギリシャ・ラテン引用語辞典』（岩波書店、1937, 1952, 1963, ⅹⅹⅲ＋156＋841＋111pp.）である。この辞典のラテン語の部分は、還暦に近くなってからボケ遅延のため暗記をはじめ、81歳７カ月で２回暗記した。81歳になる年に、１年がかりで全７巻の日本史を口述出版できたのは、この辞典のおかげで記憶力があまり落ちていなかったからであろう。

　ところでイギリスは辞書の国で引用語辞典にもなかなか変わったものがある。Peter Yapp, *The Traveller's Dictionary of Quotation* （London etc.: Routledge & Kegan Paul, 1983, ⅹⅵ＋1022pp.）という辞典を、若い頃から持っていたらどんなにか得るところが多かったで

あろうかと惜しまれる。この辞書はアルファベット順に
世界の地名が出ていて、その場所についていろんな人が
発言したのを集めているからである。また索引が完備し
ているから、人名からある人がどこで何を言ったかも知
ることができる。たとえばロンドンなどについては、多
くの人がいろいろ名文句を吐いているので26, 7ページ
もある。ロンドンについての有名な詩なども集められて
いるから、何かにつけて便利である。何しろ古い時代の
詩から現代人の批判まで年代順に並べられているのだか
ら。

　たとえばミルトンは言論・出版の自由擁護のために書
いた小冊子 *Areopagitica* の中でロンドンについてこう
書いている。
「見よ今この広大なる都市を。主の保護によって護られ、
固められている避難の都市、自由の邸宅を」
　これは「自由」というものが大都市なしでは発生し得
ないことを実感をこめて記したものである。
　こういうロンドン讃美に対してホッブスは、「ロンド
ンは巨大な胃袋を持っているが舌はないね。善悪の味の
区別がつかない」と悪口を言っている。「ロンドンは
'謎' でパリは '説明' だね」というチェスタトンの言葉
など、うまく利用すれば自分を利口に見せることができ
るかも知れない。また「ロンドンの魅力の1つはロンド
ン人なんていうものがいないことだ」（H.V. Morton）
などと言う人もある。

　ではパリはどうか。フランス人でありながらヴォルテールは、「パリ人というのは、いろんな影像を立てては、またそれをぶち壊して時間を過ごしているのだ」と批判的だ。「パリの人々は、才知のある外人よりも、金のある外人の方がずっとずっと好きだ」と貧乏旅行の体験者であるゴールドスミスは言う。「パリは宇宙の中で最も醜悪で鼻もちならない町だ」と H. ウォールポールが言ったのは、何か不愉快な体験をしたのだろうか。もっとも彼が行った頃のパリはナポレオン三世の都市改造の前の話である。

　ドイツでは私の留学した Münster はない。世界三大国際条約の最初のものであるウェストファリア条約の締結地で、古いカテドラルや大学がある町だが、考えてみるとイギリス人は三十年戦争にあまり関係なかったから、有名人も訪ねてこなかったのだろう。では今のイギリス王家の出た町であるハノーヴァーはどうか。詩人コールリッジは妻に与えた手紙の中で、「小綺麗な町で、街燈も多いが、美しくも醜くもない…タバコ工場といくつかの珍しい本のある図書館がある」。ドレスデンについては「ドイツで最も魅力的な町であるが、一時的に訪ねるよりはしばらく住むのに適している…音楽家のメッカだ」と Jerome K. Jerome の1900年の文章をあげながら、1945年の英米協同の無差別爆撃で10万の市民を殺した後のことへの発言は取り上げていない。（※　2012.12）

480. zombie nouns 英語を襲う

易しく言えることを難しく言うのに、zombie nouns が用いられている。

　易しく言えることを難しい言葉で言うことは日本では落語の材料にもなっている。「おなら」のことを「転失気」と言ったりすることで誤解が生じるさまをおかしく語った橘家円蔵の落語を若い頃に読んだ記憶がある。儒学や仏教学の用語は難しいから、そこから生ずる庶民の思い違いは確かに落語になり易い。英語でもゲルマン語系の易しい言葉の代わりに、古典語系の big words（偉そうな単語）を用いると、それだけでユーモアが生ずる。Otto Jespersen はその英語史の名著 *Growth and Structure of the English Language* の中でそれを取り上げている。格言 'A rolling stone gathers no moss.' を難しく言うと 'Cryptogamous concretion never grows on mineral fragments that declines repose.' となるという。直訳すれば「隠花植物性凝結体は休息を拒否する鉱物性断片上に成育することは決してない」となって落語的におかしい。

　こんな古典語遣い（日本では漢語遣いに相当）を大いにやったのは Dr. Samuel Johnson で、こういう文体は

Johnsonese と言われる。その後はこういう言い方は洒落として多く使われるようになった。絵入り週刊誌として19世紀後半に人気のあった *Punch* 誌には、日本の「鬼の居ない間の洗濯」に当たる「猫がいない時、鼠がはしゃぐ」という諺 "When the cat's away, the mice will do play." を、"In the absence of the feline race, the mice give themselves up to various pastimes." と漢訳（？）してみせた例があるという。

　big words で難しく言い換えることで偉そうに見える時代が、日本にも英国にもあって、それが逆にユーモアに転換されたりしてきた。ところが、〔この頃〕のアメリカでは、big words によらず。zombie nouns が、易しく言えることを難しく偉そうに言うのに用いられているという。この zombie は元来はヴードゥー教の神様であるが、ゾンビは、「生命力を吸い取られたふぬけな人間」の意味に使われている。この zombie nouns という術語（？）を使って、〔最近〕のアメリカのインテリたちの文体を批判するのは Auckland 大学の Helen Sword である。アメリカの academics（大学人）は他の品詞から、時には名詞からも名詞を作ることが異常に好きになっているという。これは文法用語では nominalization ということになるが、これを濫用すると偉そうに見えるからだそうだ。たとえば「論文に名詞化した単語を多く使う人は、もったいぶったり、抽象的に聞こえるようになりますよ」ということを、nominalization を多用した

academics の文章では次のようになるという。"The proliferation of nominalization in a discussive formation may be an indication of a tendency towards pomposity and abstraction." この短文の中に何と7個もの nominalizations が含まれているのだ。この文の中には主語になる人間もいないし、普通の動詞もない。Sword 女史は、これを次のように書き換えて見せている。"Writers who overload their sentences with nominalizations tend to sound pompous and abstract."

かつて George Orwell は旧約聖書の「伝道の書」（9：11）を漢訳（？）したことがある。この個所の聖書の原文は日本語では次の通りである。「私はまた、この世にこういうことがあるのを見た。一番足の軽い人を走る仕事にあてるわけでもなく、一番強い人を闘技に出すわけでもないということだ。また、知恵者に多くのパンがあたらず、賢い人に富が恵まれず、学者に恵みが与えられないのも見た。時と災難とは、かれらすべてに及ぶ。」これなら誰にもわかる。しかし Orwell の戯訳ではこうなる。"Objective considerations of contemporary phenomena compel the conclusion that success or failure in competitive activities exhibits no tendency to be commensurate with innate capacity, but that a coosiderable element of the unpredictable must invariably be taken into account."

聖書と衒学の差である。（※　2013.1)

481. 書評された人間の所感

自分が関心を持つテーマについては、
英米の学者に先行することもありうる。

「イギリスにも国学と呼ぶべき学問水準の時代があった
のではないか」ということを考えるようになったのは
1970年代の末頃、エディンバラに1年滞在して、もっぱ
ら Balding という古書店をやっている人たちと毎日のよ
うに会っていたことが1つの原因だったと思う。今から
〔35年〕ぐらい前の話になる。たまたま私はスコットラ
ンドの伝統ある有名な Signet Library が解体的蔵書処
分のオークションをやった時に滞在していたのである。
尨大な古書が、ロット（同種の本の山）に仕分けされた
風景は忘れ難い。オークションの槌を振っていたのは、
旧知のジョンであった。彼はその20年も前に、オクスフ
ォードでは食堂の定席は私の左隣りだった。出自は伯爵
家とのことであった。

　このオークションで、私は言語学、英語学、英国史な
どに関するロットをいくつか手に入れた。小型トラック
1台分の量だった。文字通り家産（大したものでなかっ
たが）を傾けた買物だった。何故そんな無茶をやったか
と言えば、これで自分の研究が日本に帰ってもやれると

思ったからである。私が興味を持った分野は、日本に帰ったら続けようがないと思っていたところ、正に必要文献の小山が手に入ったのだ。その結果が約10年後に出た私の『イギリス国学史』（研究社：1990, xiv ＋269pp.）である。この本が出た時、故・中島文雄先生は「日本で最も金のかかった本」という主旨の書評を新聞に出して下さった。まことに「私を知ってくださった大先輩」のお言葉として感激した。

『英語青年』誌には慶應の高宮利行氏が詳しい書評を書いて下さった。高宮氏は日本の英語世界の古い文献の研究者としては草分けになった人であるから、私のこの本の書評者としては適任と言うべきである。その書評の本体となる部分はほぼわが意を得たものであったが、評者として指摘してくださった欠点には「それは違うよ」と思うことがあった。しかし書評に文句を言うのもおかしな話で、そのまま忘れた形になっていたのである。ところが2か月ほど前（9月中旬）、ある古本屋から来たカタログに高宮氏の『愛書家の年輪』（図書出版社：1994, 307pp.）があるのを見つけて、さっそく注文した。すぐに送ってもらって見たら、その中に私の『イギリス国学史』についての高宮氏の『英語青年』掲載の書評が再録されていた。20年近く経ってから再び読み返してみると、昔と同じ感想がよみがえってきた。書評本体は有難い言葉であるが、最後に注文のような欠点指摘がついているのが納得できないのである。書評や外国文献研究の本質

にも少しは関係があると思うので、被批評者の所感を参考のため述べておきたい。

　まず第1に、私の本が原典資料にもとづくが、20世紀に出版された校訂版や研究書にはあまり言及がないとして、たとえば May Mckisack, *Medieval History in the Tudor Age*（Oxford, 1971）への言及がないと指摘されている。しかし私はこの本を精読していた（赤線が方々に引いてある）。だが私の本に引用すべき箇所、それに値する叙述は1行もなかった。もし高宮氏が「ここは引用すべきだ」とか、「言及すべきだ」と思われるところが1か所でもあったら指摘してもらいたいと当時も言いたかったのであるが、今、読み返しても言いたい。つまり高宮氏は Mckisack がどんなことを書いているのか、書評当時は読んでおられなかったと私は断定している。英語関係の研究をしておれば、英米の学者のレベルが自分よりも高いと思いがちであり、事実そうだ。私もそう思っていた。しかし私が『英文法史』を書いた時、英文法書の歴史に関する著書も論文も、一点も英米の学者の仕事の中に見出すことはできなかった。『イギリス国学史』を書いた時もその視点からの英米の学者の著作は私の目に入ることがなかったのである。言及しようがないではないか。自分が関心を持つテーマについては、英米の学者に先行することもありうることを若い研究者に知ってもらいたい、と傘寿を越えた一老措大（そだい）は思って一筆したためた。（★　2013.2）

482. 中村敬宇の英語教育の話

　いろいろな種類の大学で英語を担当している若い先生がたと話す機会があった。そして伝統的な英文学や英語学に対する無理解が日本中に滲透してきていることを認識させられた。英文科のある大学でも、英語史や英文法が必修でなくなったところもある。また英文学でも、いわゆる古典的なものは避ける傾向があるらしい。英文科でないところはさらにすさまじい。理工系の大学などでは、英語の教師採用でも、履歴が「英文学」だとかえって不利になるらしい。つまりは教授法のような degree が最も歓迎されるという。今の大学では――おそらく高校や中学でも――簡単な会話のようなものを教えてくれる先生が求められているということらしい。

　こんな話を聞いた後で、たまたま中村敬宇が英語について言及している文章に出会った（村山吉廣『漢学者はいかに生きたか』大修館書店、1999年、pp. 94-120）。元来は漢文の擁語論になるのであるが、英語修得についても核心に触れているように思われる。中村敬宇は言うまでもなくサミュエル・スマイルズの *Self-Help* の訳者であり、その『西国立志編』は福沢諭吉の『学問のすすめ』と並んで、明治初年の二大ベストセラーであった。その敬宇は次のように言っているのである（現代文に訳します）。

　「近頃、欧米の学問ですぐれた人と言われている人を見ると、どの人も元来、漢学の下地があって、西洋の学問を活用しているのである。漢学の基礎のない者は、7、8年、あるいは10年以上も留学しても、帰国してからこれというほどの頭角を現わさない。」

　敬宇は幕府の昌 平黌の秀才であり、英語も少しはやっていたが、ロンドンに行き、大英帝国の繁栄に驚き、イギリスに学ぶ必要を痛感し、したがって英語修得の必要を痛感して帰国した。それで敬宇はロンドンから帰ってきた当初は、子供たちに漢学を教えずに、もっぱら英学をやらせたのであった。そうした子供たちの英学は、はじめのうちは進んだけれども、「進ミ難キトコロニ至ッテ止マレリ」だった。それを彼は後悔している。さらに敬宇はこういう観察も記している。

　「私はまた、幼年の頃から洋行して、中年になってから帰国した人を二人ばかり知っている。語学が上達しただけで、やっぱり"進ミ難キ所ニ至ッテ止マル者"のようだった。これを漢学の基礎があって洋行した者たちにくらべると、天地の差どころではない。」

　われわれは漱石や鷗外を思い出すが、こういう人たちは漢詩が作れるほど漢学をやっていた。それにくらべると旧大名、すなわち新華族の坊ちゃんたちや、単なる富豪・素封家の坊ちゃんたちの留学者たちとの差は本当に大きかったろう。

　中村敬宇が「漢学」と言った時、それを学んだ人はす

べて「書き下し文」にして読んだ、ということである。日本の「漢学」は Chinese conversation でもなければ、Chinese との商業上での communication でもなかった。日本の「漢学」とは支那古典の厳密な翻訳作業のことである。そのプロセスにおいて尨大な vocabulary を覚え、その内容を理解した。そしてさらに漢文を書けるようにし、詩まで作らせた。

　この伝統は、明治以後の欧米語の教育にもひきつがれた。英語の授業（戦前の中学はエリート）では厳密な翻訳が求められた。そのプロセスにおいて頭が作られ、語彙が増し、さらに主語も動詞もちゃんとした論文体の文章が書けるようになったのである。漱石や鷗外が近代日本の散文を造ったといわれるのもそういう背景があったからだ。今の日本の教室でも、トマス・ハーディやハマトンの文章を丁寧に訳させるクラスがあれば、そこで学生が身につけるのは、英語というより、知力であり、日本語構成法でもあるのである。英語には会話ということが加わるが、基礎ができてからホーム・ステイや留学するのが最も楽で、最も効果的である。（★　2013.3）

あとがき　　　　　江藤裕之（東北大学大学院教授）

　渡部昇一先生からは多くのことを教えていただいたが、そのひとつに「新しいもの必ずしも最善ならず」がある（本書411,412「古い百科事典」参照）。最新の学説や発表がベストとは限らないということで、単純な進歩主義を戒めたものであった。ただし、主に人文学においてという条件がつく。

　医学、理学、工学など、大きく科学（自然科学）・技術として括られる分野では、たいていの場合「最新＝最善」と言ってよい。100年前の外科手術より今の方がよいに決まっているし、航空機の安全性を担保する技術は日進月歩である。しかし、人文学においてそれを言い出すと、古典や歴史を研究する意味がなくなってしまう。プラトンやアリストテレスよりも、それを研究している「私」が書いたものの方が優れているといったナンセンスなことになりかねない。

　学問に進歩という概念があるとすれば、それは先人の業績の積み重ねに何かを足して前に進んでいくことであろう。その意味では人文系の学問にも進歩はある。また、古典と呼ばれる書物は、学術論文に比べると精緻さに欠け、ざっくり感が否めない。しかし、そこでは、人間や社会の核心となる問題が語られている。それ故、長い年月、人々に読み継がれてきたと先生は言われる（『言語と民族の起源について』p.29参照）。

　洞察の深さや視点のユニークさという数値化しにくい（客観的な指標で測りにくい）点が、人文学系の学問ではより大切にされているように思える。その意味で、渡部先生の書かれたものは私にとっての古典である。断片として消え去っていきそうな先生の言葉を一冊の本にまとめてくださっている本書シリーズは本当にありがたい。

渡部昇一先生略歴

昭和5年（1930）10月15日　山形県鶴岡市養海塚に生まれる。

旧制鶴岡中学校五年のとき、生涯の恩師、佐藤順太先生に出会い、英語学、英文学に志して上智大学文学部英文学科に進学。

昭和28年（1953）3月（22歳）　上智大学文学部英文学科卒業

昭和30年（1955）3月　同大学大学院西洋文化研究科英米文学専攻修士課程修了（文学修士）

昭和30年（1955）10月（25歳）　Westfälische Wilhelms-Universität Münster（WWU）留学（西ドイツ・ミュンスター大学）英語学・言語学専攻。K. Schneider, P. Hartmann に師事。

昭和33年（1958）5月（27歳）　同大学よりDr. phil. magna cum laude（文学博士…大なる称賛をもって）の学位を受ける。

学位論文：*Studien zur Abhängigkeit der frühneuenglischen Grammatiken von den mittelalterlichen Lateingrammatiken*（Münster: Max Kramer 1958, xiii＋303＋ⅱpp.）。これは日本の英語学者の世界的偉業。日本では昭和40年（1965）に『英文法史』として研究社より出版。

昭和33年（1958）5月　University of Oxford（Jesus College）寄託研究生。E. J. Dobsonに師事。

昭和39年（1964）4月（33歳）　上智大学文学部英文学科助教授

昭和43〜45年（1968〜1970）　フルブライト招聘教授としてNew Jersey, North Carolina, Missouri, Michigan の各大学で比較文明論を講ず。

昭和46年（1971）4月（40歳）　上智大学文学部英文学科教授

昭和58年（1983）4月〜62年（1987）3月　上智大学文学部英文学科長／同大学院文学研究科英米文学専攻主任

平成6年（1994）（63歳）ミュンスター大学よりDr. phil. h. c.（ミュンスター大学名誉博士号）。卓越せる学問的貢献に対して授与された。欧米以外の学者では同大学創立以来最初となる。

平成7年（1995）4月　上智大学文学部英文学科特遇教授

平成11年（1999）4月　上智大学文学部英文学科特別契約教授

平成13年（2001）4月（70歳）上智大学名誉教授

平成27年（2015）5月（84歳）瑞宝中綬章を授与される。

平成29年（2017）4月17日　1:55p.m.、御逝去（86歳）

アングロ・サクソン文明落穂集 ⓫

令和 3 年（2021）12月20日　初版第 1 刷 発行

著作者　　渡部昇一

発行所　　株式会社 広瀬書院　　HIROSE-SHOIN INC.

520-0511 滋賀県大津市南比良1078—8

電話 077-575-9877

https://www.hirose-shoin.com

発売所　　丸善出版株式会社

101-0051 東京都千代田区神田神保町2—17

電話 03-3512-3256

https://pub.maruzen-publishing.co.jp/

印刷所　　大日本印刷株式会社

ISBN978-4-906701-18-6

「渡部昇一ブックス」発刊の趣旨

　言論活動が多方面に渡るため渡部昇一先生のことを歴史家、文明評論家、あるいは政治評論家などと思っている人もいるようだ。事実、先生はこれらの分野で第一級の仕事をしておられる。しかし御専門は、と言えば、「英語学」である。

　この御専門分野における業績は世界的なものであり、既に若くして偉業を成し遂げられ、八十代の今も絶えることなく研鑽を積んで居られる。これあればこそ、即ち、御専門の研究の徹底的遂行、能力および深い知識が、他の分野の活動においても自ずと深慮、卓見が湧出し、事を成し遂げていかれるのだと思う。

　渡部先生は山本夏彦著『変痴気論』（中公文庫・昭和五十四年）の巻末解説において「山本の読者が増えてくることは、それだけ日本の良識の根が太くなることである」と述べて居られる。この言葉はまた、そのまま渡部先生に当てはまると言えよう。わが大阪の友、大橋陽一郎氏は「渡部先生のような方が、よう、この世の中に、日本に生まれて来てくれはったものや」と言った。同感である。

　有力な出版社から立派な作品が数多く発刊されているが、さらに多くの人々に渡部昇一先生のことを知っていただき、その著作に接していただくことを願う次第である。

　平成二十三年（二〇一一）十月十五日

　　　　　　　　広瀬書院　岩﨑幹雄